梦山书系

★ 全国幼儿教师培训用书

幼儿教师这样上公开课

王哼◎主编

海峡出版发行集团｜福建教育出版社

图书在版编目（CIP）数据

幼儿教师这样上公开课/王哼主编. —福州：福建教育出版社，2019.11 （2023.10 重印）
ISBN 978-7-5334-8533-7

Ⅰ.①幼… Ⅱ.①王… Ⅲ.①学前教育—课堂教学—教学法 Ⅳ.①G612

中国版本图书馆CIP数据核字（2019）第187874号

You'er Jiaoshi Zheyang Shang Gongkai Ke
幼儿教师这样上公开课
王哼　主编

出版发行	福建教育出版社
	（福州市梦山路27号　邮编：350025　网址：www.fep.com.cn）
	编辑部电话：010-62027445
	发行部电话：010-62024258　0591-87115073）
出 版 人	江金辉
印　　刷	福建省地质印刷厂
	（福州市金山工业区　邮编：350011）
开　　本	710毫米×1000毫米　1/16
印　　张	13.25
字　　数	183千字
插　　页	1
版　　次	2019年11月第1版　2023年10月第5次印刷
书　　号	ISBN 978-7-5334-8533-7
定　　价	33.00元

如发现本书印装质量问题，请向本社出版科（电话：0591-83726019）调换。

目 录

★ 小 班 ★

小猫的旅行	3
母鸡孵蛋	7
毛毛虫去散步	12
嘴巴歌	18
"1"和"许多"	22
一双小小手	27
大狼喝粥	32

★ 中 班 ★

格子秀秀	39
手推车	43
和小动物一起玩	47
小青蛙跳跳	51
寻找空气	55
小猫过生日	61
年夜饭	66
换妈妈	71
金色的树林	76

有趣的图形游戏 …………………………………… 81
合作换画 …………………………………………… 87
微笑 ………………………………………………… 92
蔬菜归类 …………………………………………… 96

大 班

划龙舟 ……………………………………………… 103
奇妙的静电 ………………………………………… 107
寻宝之旅 …………………………………………… 111
绝对不能保守的秘密 ……………………………… 115
穿越侏罗纪 ………………………………………… 120
口编应用题 ………………………………………… 125
懒惰的小蜗牛 ……………………………………… 129
当我害怕时 ………………………………………… 133
茶香飘飘 …………………………………………… 137
泡泡印画 …………………………………………… 141
猜谜编谜 …………………………………………… 145
我做哥哥了 ………………………………………… 150
快快起床 …………………………………………… 156
去小熊家做客 ……………………………………… 160
圈里有几个 ………………………………………… 163
绳子的连接 ………………………………………… 168
一寸虫 ……………………………………………… 172

目录

搬过来搬过去 …………………………………… 176

开心超市 ………………………………………… 180

赶走生气 ………………………………………… 184

落下来 …………………………………………… 190

说颠倒 …………………………………………… 196

好玩的绳子 ……………………………………… 201

小班

小猫的旅行

领　　域：健康

适合年龄：小班

一、设计意图

根据小班幼儿喜欢在情境和角色中模仿、表演、游戏的年龄特点，为幼儿提供尽可能多的活动机会和条件，开展形式多样的游戏贯穿活动当中。教师要以身作则，成为幼儿模仿、学习的榜样，同时充分利用幼儿同伴群体的资源，给幼儿创造在游戏中通过模仿向同伴学习的机会。"小猫的旅行"通过小猫的行走，让幼儿学习手、膝着地爬行的动作，让幼儿愉快地参与情境活动。活动锻炼了幼儿"手脚爬"的动作，提高了他们动作的协调性和灵活性，让幼儿体验了集体合作带来的快乐。

二、活动目标

1. 模仿小猫走路，练习手、膝着地爬的动作，进一步锻炼手脚动作的协调性和灵活性。
2. 初步体验集体合作带来的快乐。

活动重点：锻炼手脚动作的协调性和灵活性。

活动难点：模仿小猫走路，练习手膝着地爬的动作。

三、活动准备

1. 小猫做操歌曲、旅游歌曲、放松运动的歌曲；
2. 准备小猫头饰若干、猫妈妈头饰一个；

3. 塑料瓶做的老鼠若干、地垫若干；

4. 小河沟、拱形门图片；

5. 布置小猫旅游的环境：庄稼地环境，庄稼地里放置若干塑料瓶做的老鼠。

四、活动过程

（一）快乐儿歌，让幼儿身体运动起来

老师是猫妈妈，幼儿是猫宝宝。（戴上头饰）

今天的天气真好，太阳暖暖的，猫妈妈要带小猫们去旅游。让我们先活动一下身体吧。

猫妈妈和小猫们一起边说儿歌边做动作。（让身体活动起来）

小花猫，喵喵喵，

伸伸小手、点点头；

小花猫，喵喵喵，

伸伸小腿、弯弯腰；

小花猫，喵喵喵，

扭扭屁股、插插腰；

小花猫，喵喵喵；

出门旅游、乐呵呵。

（二）创造情景，激发幼儿活动兴趣

多么晴朗的天气，猫妈妈带小猫们出门旅游。他们到了一个很美丽的树林，树林边上有一片庄稼地，那里的庄稼被老鼠糟蹋光了。猫妈妈和小猫们要去消灭老鼠，保护庄稼。

但是，保卫庄稼、消灭老鼠一定会遇到许多困难。老师引导幼儿说出：我们不怕，我们能战胜困难，消灭老鼠。

师：你们太勇敢了，可是要想去保卫庄稼，消灭老鼠，就要练好本领。下面我们来练习手、膝着地爬吧。

（三）幼儿自由尝试，自主探究

让幼儿自主探索小猫行走的方法，在不知不觉中学会手、膝着地爬行，在活动中锻炼他们手脚动作的协调性。

（四）教师示范，幼儿学习手膝着地爬

教师示范爬的动作，手、膝着地，一边爬一边说要求：小花猫，抬头又挺胸，眼睛看着前方，小手小脚要协调，慢慢爬。

幼儿跟着学动作（在大块的体操垫上练习），动作熟练后自由练习五分钟，教师注意观察幼儿爬的方法是否正确，同时讲解一些爬的动作要领。或者，教师可让爬得较好的幼儿演示，以强带弱更能激起幼儿游戏的兴趣。

评析： 教师在教的过程中，要关注幼儿如何学，理解和接纳幼儿不自觉的模仿行为，同时充分利用幼儿同伴群体的资源，给幼儿在游戏中通过模仿向同伴学习的机会。模仿可以成为幼儿的学习动机，也可以成为他们学习他人经验的过程。模仿中也可以有创造，也是个性与情感的表达。

（五）欢乐旅程

"小花猫们，本领练好了，我们一起去旅游吧。"

猫妈妈和猫宝宝在体操垫旁围成圈，手、膝着地爬，播放旅行的歌曲。他们爬过小河沟和拱形门，来到小树林，然后盘腿休息，观看美景。

师：你们喜欢这里吗？谁能说说自己的想法？

评析： 到达目的地，让幼儿休息、欣赏美景，提供轻松愉快的氛围。借此机会让幼儿说说身边的美景及感受，锻炼幼儿的语言表达能力，这是各领域的相互渗透与整合的体现。

（六）游戏"捉鼠能手"（庄稼地里，放有塑料瓶做的老鼠）

小猫宝宝休息完毕，开始游戏，猫妈妈介绍游戏规则，要求猫宝宝手膝着地爬，自由地去庄稼地里捉老鼠，看谁捉到的老鼠多，多者是"捉鼠能手"。

游戏可以有多种玩法，如分成两队，看哪队小猫捉的老鼠多。幼儿也可以自由选择玩法。教师准备的塑料瓶做的小老鼠有大有小，藏在不同的

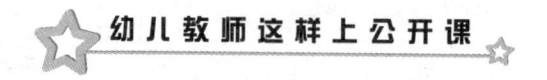

地方，有一定的挑战性，更能激起他们的热情。通过参与游戏，幼儿既锻炼了身体，又体会到了游戏带给他们的快乐。

（七）游戏结束

游戏后，幼儿把塑料瓶做的老鼠放到各自的箩筐里。让幼儿知道运用自己的本领帮助别人是一件很开心、很快乐的事情，大家一起合作完成一件事情，也很快乐。游戏过程中，教师应以鼓励为主，对幼儿的手脚爬的动作要有点评。

（八）放松活动

师：猫宝宝们真勇敢，真能干，而且还很团结。猫妈妈知道你们是最棒的宝贝，我为你们感到骄傲。让我们放松放松，回家美餐一顿吧。

猫妈妈和小猫们一起边说儿歌边做动作。（让身体放松下来）

猫宝宝，本领大，舔舔手儿，抖抖脚。

猫宝宝，捉老鼠，点点头儿，扭扭腰。

五、活动反思

此次活动以培养幼儿对体育游戏的兴趣为出发点，以发展幼儿的体能为目的。爬是小班幼儿喜欢的活动，根据小班幼儿的兴趣特点，本次活动精心准备了道具，设计情境，用小猫去旅游这一情境吸引幼儿的注意，使幼儿参与游戏的兴趣高涨。幼儿的爬行能力、手脚协调能力在活动中得到了锻炼。不足之处是没有充分利用活动对幼儿进行随机教育，如在"捉老鼠"的时候，没有引导幼儿爱惜庄稼，错失培养良好品德的时机，这在以后的活动中将进行调整。

黑龙江省虎林市八五六农场幼儿园　李丽

小 班

母鸡孵蛋

领　　域：艺术

适合年龄：小班

一、设计意图

"可爱的小动物"主题活动使小班幼儿对各种动物产生了强烈的好奇心。区域活动中，他们对"鸡宝宝是从哪里来的"进行了激烈讨论。此次音乐活动是以《3—6岁儿童学习与发展指南》"艺术"领域提到的"让幼儿观察常见动植物以及其他物体，引导幼儿用自己的语言、动作等描述它们美的方面"为基础，结合幼儿爱模仿小动物、接近小动物这一特点设计而成。通过认识图谱、操作图谱，让幼儿自主运用多种感官，理解感受歌曲内容，体现"玩中学、学中玩"的理念。让幼儿尝试扮演角色、创编歌曲，让他们在活动中体验到成功的快乐！

二、活动目标

1. 理解歌词，学唱歌曲。
2. 能愉快参与母鸡孵蛋游戏，感受乐曲趣味性。

活动重点：如何让幼儿更好地理解歌词，学唱歌曲。

活动难点：在愉快参与游戏的同时，感受乐曲的趣味性。

三、活动准备

1. 母鸡头饰（教师用）；
2. 母鸡孵蛋图谱一套；

3.幼儿操作图谱材料三套；

4.《母鸡孵蛋》音乐及伴奏乐。

四、活动过程

（一）引入角色，激发兴趣

1.根据特点猜动物，激发幼儿兴趣

师：咕咕咕咕，我有尖嘴巴；咕咕咕咕，我有大翅膀；咕咕咕咕，我会生鸡蛋，咕咕咕咕，猜猜我是谁？

幼儿猜测。

2.模仿母鸡叫声，进行练声

师：刚刚我是怎么叫的？

幼：咕咕咕咕。（结合音调高低进行练声）

评析：由于小班幼儿具有喜欢模仿小动物，注意力容易分散的年龄特点，所以教师，选择什么样的"开场白"就显得尤为重要。在根据特点猜动物环节后，教师随即抛出"刚刚我是怎么叫的"，以此将游戏过渡到练声环节，让幼儿在情境中获得"母鸡"这一角色最真切的体验。

（二）欣赏歌曲，整体感知

1.完整欣赏歌曲

师：母鸡妈妈有一件开心的事情，我们来听一听！（完整欣赏音乐）

咕咕咕咕，母鸡在孵蛋；咕咕咕咕，孵出一个蛋；

咕咕咕咕，母鸡在孵蛋；咕咕咕咕，孵出两个蛋；

咕咕咕咕，母鸡在孵蛋；咕咕咕咕，孵出三个蛋；

咕咕咕咕，母鸡在孵蛋；咕咕咕咕，孵出四个蛋。

师：你们听到了什么？你们发现有什么不一样的吗？（引导幼儿想说、敢说、愿意说）

幼儿经过讨论，大胆表达：一个蛋、母鸡、咕咕咕咕、在孵蛋。

教师出示图谱：喇叭——表示咕咕咕咕；母鸡——母鸡在孵蛋；喇叭——咕咕咕咕；一个蛋——孵出一个蛋。

师：这是什么？（引导幼儿再次认识图谱）

指导重点：引导幼儿通过认识图谱尝试完整演唱歌曲第一句。（咕咕咕咕，母鸡在孵蛋；咕咕咕咕，孵出一个蛋）

2. 再次欣赏歌曲，引出二、三、四句

师：母鸡妈妈刚刚孵出了一个蛋，接下来还会孵出几个蛋呢？（完整欣赏音乐）

讨论：母鸡妈妈孵出几个蛋了？

3. 排列图谱，加深理解

出示图谱及相关材料，介绍操作规则：请把你听到的按顺序排一排、摆一摆。（喇叭→母鸡→喇叭→蛋）

① 幼儿个别操作

适时评价：排得真棒！请你连贯地唱一唱。

② 幼儿集体操作

我们一起来把剩下的歌曲，用图谱排出来吧！

教师提供材料，幼儿多人一组，动手操作，排列图谱。

指导重点：教师放手让幼儿操作，活动中随时点评。

③ 幼儿演唱完整歌曲。

师：母鸡妈妈还可以怎么孵蛋？（引导幼儿学会用不同的动作表现歌曲）这首歌有个好听的名字，叫《母鸡孵蛋》，我们加上好看的动作，完整地唱一唱!

4. 数量递增,创编歌曲

师:母鸡妈妈孵出了一个蛋、两个蛋、三个蛋、四个蛋,孵出的蛋一次比一次多,接下来,还会孵出几个蛋呢?

幼儿讨论创编歌曲,并尝试唱一唱。

评析: 活动目标中,首先是如何根据《母鸡孵蛋》这首歌曲,合理地安排活动当中的每一个环节。活动通过"演示图谱→教师唱→个别幼儿拼图谱→幼儿唱→幼儿集体拼图谱→集体唱"的设计,起到环环相扣与层层递进的作用,从而突破教学的重难点。

(三)音乐游戏,体验快乐

1. 播放母鸡孵蛋视频,增加幼儿感性认识

师:母鸡妈妈到底是怎么孵出小鸡的呢?我们来看一看!(播放视频)

讨论:小鸡是怎么孵出来的?我们跟小鸡打声招呼吧!

指导重点: 通过观看母鸡孵蛋视频,幼儿可直观了解小鸡孵化过程;跟小鸡打招呼环节则渗透着"礼貌教育"。

评析: 教师安排幼儿观看《母鸡孵蛋》的动画片,通过目睹母鸡孵蛋——小鸡啄壳——小鸡出壳,让幼儿真切体验到小鸡孵化的过程,加深对母鸡孵蛋的感性认识,让教学活动更高效。

2. 幼儿扮演蛋宝宝,根据音乐,感受孵蛋过程

① 介绍游戏玩法:所有幼儿扮演"蛋宝宝",教师边演唱歌曲,边用手轻拍幼儿的头,被拍到的幼儿变成"小鸡"跟在教师身后,跟唱歌曲,一起"孵"出其他的"小鸡"!

师:孵出的小鸡,跟着我唱唱歌、扇扇翅膀,去孵出其他的小鸡。

② 指导幼儿做母鸡妈妈,表演从"蛋宝宝"孵出"小鸡"的过程。

师:数一数,还剩几个"蛋宝宝"?你们来当母鸡妈妈,把他们都孵出来吧!

评析:《幼儿园教育指导纲要(试行)》提到,教师应为幼儿提供合作学习和游戏的机会,让幼儿在实践中学会合作。作为活动的组织者,我不放过每一次可以让幼儿合作游戏的机会。幼儿通过了解蛋宝宝变成小鸡的过程，感受喜悦，并学会与其他幼儿合作"孵出"其他的"蛋"。活动中，幼儿共同商量，互相配合，游戏顺利进行。

（四）情境延伸，结束活动

母鸡妈妈孵蛋好辛苦，有什么想对妈妈说的吗？

指导重点： 情感延伸，感受妈妈的辛苦，萌发幼儿爱家人的情感。

五、活动反思

首先，教师将猜谜的内容融入歌曲旋律中，引导幼儿"猜一猜"，让幼儿产生浓厚的活动兴趣，积极投入母鸡孵蛋的乐曲教唱环节中。

其次，教师按照"喇叭（咕咕咕咕）→母鸡（母鸡在孵蛋）→喇叭（咕咕咕咕）→蛋（孵出一个蛋）"的出场顺序依次出示图谱，让幼儿在潜意识中能有效地记忆歌词内容，并鼓励幼儿发挥想象，发现孵出蛋的个数不一样。接着，教师再以"个别→集体→个别"的顺序拼图谱，再反复试唱，梳理歌曲，加深幼儿对歌曲内容的把握，为幼儿接下来创编"孵出五个蛋""孵出六个蛋"提供了有效的支持。从局部到整体，环环相扣，层层递进的教学方法，突破了教学活动中的重难点。

再次，教师引导幼儿观看"母鸡孵蛋"的视频，让幼儿听听、看看、说说。调动幼儿的多种感官体验，吸引幼儿主动参与音乐活动。

在游戏设计的过程中，我时刻以《3—6岁儿童学习与发展指南》"艺术"领域的目标为要求，着眼于小班的实际情况，以情境游戏为主线，让幼儿在情境中学习、在情境中体验，培养幼儿对音乐的学习兴趣，并在互动中拉近了师幼之间的距离。活动中，我不是把自己定位成教师，而是和幼儿一样，做活动的参与者，融入到幼儿中去。我希望幼儿能在宽松、和谐、有趣的学习环境里，体验乐曲的趣味性。

江苏省高邮市秦邮幼儿园　　刘秀华

毛毛虫去散步

领　　域：语言

适合年龄：小班

一、设计意图

"散步"是幼儿每天都要进行的一项运动，是幼儿在园生活中不可缺少的一部分，对于"散步"，幼儿总是充满向往和期待。"毛毛虫"更以其憨厚、可爱的拟人形象深受幼儿的喜爱和欢迎。故事中，主人公毛毛虫外出散步，一路上碰见了不同的动物。毛毛虫的心情如何？毛毛虫怎样和其他动物对话？怎样和其他动物成为好朋友呢？随着情节的发展，让幼儿展开想象，感受快乐，体会友情，学会礼貌。

二、活动目标

1. 喜欢阅读这个读本，能大胆表达自己的想法。
2. 理解故事内容，初步感受1～4的数量递增关系。
3. 遇到朋友能用简单的礼貌用语打招呼，养成有礼貌的好习惯。

活动重点：通过简单的画面理解图书大概的内容。

活动难点：进一步理解数量递增的关系。

三、活动准备

1.《毛毛虫去散步》故事书。
2. 与故事相配的音乐等。

四、活动过程

(一) 导入活动，引起兴趣

师：小朋友们，你们喜欢去公园玩吗？

幼：喜欢！

师：来，全体立正，扶好"方向盘"，跟着音乐出发啦！

（预设情景，激发幼儿兴趣）

师：公园到了，哇！绿绿的草地真漂亮啊！一起坐下吧！咦！这里有棵报纸做的树……打开看看，报纸树上有谁呀？

幼：毛毛虫。

师：它是什么样子的呀？

幼1：绿绿的，还戴着一顶帽子。

幼2：眼睛大大的，很可爱。

师：每天吃过饭后，老师都要带你们到外面去干什么呀？

幼：散步。

师：毛毛虫也要去散步了，那它怎么走路的呢？

（带领幼儿一起模仿毛毛虫走路：上爬爬、下爬爬、左爬爬、右爬爬……）

(二) 出示《毛毛虫去散步》故事书，逐页感受故事情境

1. 重点练习："你好！见到你真高兴！"

师：毛毛虫爬着爬着（把报纸树转个身），突然有人说"毛毛虫，你好！见到你真高兴！"是谁在说话呀？毛毛虫遇到了谁？（乌龟）

师：乌龟被花丛挡住了，你是怎么认出它的？

幼：看到了乌龟壳。

师：你们真聪明，还真是小乌龟。那么你们还记得，它刚才对毛毛虫说了什么吗？

幼：毛毛虫，你好！见到你真高兴！

师：小朋友们，你们见到小乌龟高兴吗？毛毛虫看到了小乌龟，会怎么说呢？

幼：小乌龟，你好！见到你真高兴！

2. 巩固句型，玩"找不同"

师：看那边还有棵报纸树，我们一起学毛毛虫爬过去看看吧！

（到了树边）

师：谁说了"毛毛虫，你好！见到你真高兴"？

幼：是蜗牛。

师：一共有几只蜗牛呢？

幼：两只。

师：我们一起来说一说"毛毛虫遇到了两只蜗牛"。

（教师把书拿近一点，引导幼儿去发现）

师：这两只蜗牛一样吗？

（幼儿观察画面，找不同）

幼：两只小蜗牛的身上不一样，一只上面有一朵花，另一只上面没有。

师：毛毛虫遇到蜗牛的时候会说什么呢？

幼：小蜗牛们，你们好！见到你们真高兴！

3. 猜猜数量，继续巩固句型

师：还有哪里有报纸树呀？

幼：后边！

师：我们一起爬过去看看吧！刚才毛毛虫遇到了……一只乌龟、两只蜗牛，猜猜这次可能遇到几只小动物？

幼：三只。

师：是不是三只小动物呢？一起数一数……猜对了，真棒！这回毛毛虫是遇到了谁呢？

幼：小蝴蝶。

师：我们连起来说一说"毛毛虫遇到了三只小蝴蝶"。

师：蝴蝶在飞来飞去，我们也来飞一飞，学一学小蝴蝶。

师：有些什么颜色的小蝴蝶呢？

幼：有红蝴蝶、黄蝴蝶，还有蓝蝴蝶。

师：老师想跟黄蝴蝶说"黄蝴蝶，你好！见到你真高兴"，你想跟哪只蝴蝶问个好呢？

4.猜猜谁会飞

师：还有一棵报纸树，这回老师想考考你们：除了蝴蝶会飞，还有什么动物会飞呢？

幼：小鸟。

师：这棵报纸树上有几只小鸟呢？

幼：四只。

师：这些小鸟长什么样子呀？

幼：有的小鸟嘴巴很大，有的小鸟嘴巴尖尖的，有的小鸟嘴巴小小的，有的小鸟眼睛大大的。

师：小朋友们观察得真仔细！小朋友们，开动脑盘想一想毛毛虫和小鸟们，它们会互相怎么打招呼？（毛毛虫对小鸟们说："小鸟们，你们好，见到你们真高兴。"小鸟们对毛毛虫说："毛毛虫，你好！见到你真高兴！"）

（三）以故事形式阅读读本

师：这些图片好看吗？原来把这些图片合在一起是一本好看的书，故事的名字叫《毛毛虫去散步》。下面我们一边听故事，一边看书，把这本书完整地看一遍。（操作课件）

小朋友们，现在故事讲完了，书也看完了，谁能告诉我毛毛虫散步时碰到了什么动物？（一只乌龟、两只蜗牛、三只蝴蝶、四只小鸟）

最后，毛毛虫对动物们怎么说呢？（我们一起去散步吧！）

这么多好朋友碰到一起，它们会说什么呢？等会儿游戏的时候还可以再想一想，然后说给好朋友听，好吗？

（四）延伸活动：表演图书中的故事内容

请小朋友自由发挥，尝试通过不同方式表演故事内容。

五、活动反思

情景式教学，可以让幼儿有一种身临其境的感觉。小班幼儿的语言发展很大程度上取决于外界的环境刺激，因此在情境中，幼儿更容易投入其中。童话故事和幼儿的生活经验相结合，静态的内容变成了动态的情境，幼儿喜欢看、喜欢说，从而为突破活动重难点提供了有效的解决策略，同时也激发了幼儿的阅读兴趣，培养了幼儿初步的阅读能力。最后部分的完整欣赏，采用视听结合的方式，引导幼儿感受语言表达的丰富多彩，从而为幼儿的完整表达提供模仿表现的机会。

在准备的过程中，为了使作品更加地贴近幼儿，我对原故事内容进行了很多改动，如动物的变化。我将原作中幼儿不是很熟悉的角色都改换成了幼儿喜闻乐见的故事角色。为了让幼儿有话可说，我对每一幅画面都进行了精心准备，如让幼儿在花丛中找到小乌龟，享受成功的喜悦；两只蜗牛，一只露出的部分多，另一只藏得较深，帮助幼儿学会细致观察画面等，我尝试通过不同途径给予幼儿更加广阔的讲述空间。

活动中不足的地方：一方面没有注意教学详略的处理，另一方面回归生活做得还不够，有些地方可以结合生活中的经验进行引导。

附：自编故事《毛毛虫去散步》

有一只可爱的毛毛虫，它每天都要出门散步。

这一天吃完早饭，毛毛虫抬头看了看天气："哇，多好的天气啊！"说完，它就高高兴兴地散步去了。

这时，毛毛虫碰到一只乌龟，它对乌龟说："乌龟，你好。"

乌龟对毛毛虫说："毛毛虫，你好。"

毛毛虫接着爬呀爬呀，爬着爬着碰到了两只蜗牛。

毛毛虫对蜗牛们说："蜗牛们，你们好。"

蜗牛们对毛毛虫说："毛毛虫，你好。"

毛毛虫又出发了，不一会儿，它碰到了三只蝴蝶，它对蝴蝶们说："蝴蝶们，你们好。"

蝴蝶们对毛毛虫说："毛毛虫，你好。"

毛毛虫又接着往前爬，爬着爬着碰到了四只小鸟，它对小鸟们说："小鸟们，你们好。"

小鸟们对毛毛虫说："毛毛虫，你好。"

小 班

　　毛毛虫碰到那么多小动物,心里可高兴了。最后,它对小动物们说:"走吧,我们一起去散步!"

　　于是,小动物们就高高兴兴地跟着毛毛虫一起散步去了。

江苏省苏州叶圣陶实验小学幼儿园　王静

嘴巴歌

领　　域：语言

适合年龄：小班

一、设计意图

小班幼儿的年龄特征决定了他们对小动物鲜明可爱的外形有着特别的喜爱之情，幼儿在平时生活中对于小鸡、小鸭等小动物比较熟悉，积累了一定的感知经验，这可以作为他们进一步理解这些动物特征的经验铺垫。儿歌《嘴巴歌》充满童趣、结构工整、语句简短、内容浅显，还蕴含了很多教育元素，能让幼儿在学习儿歌的过程中，进一步了解动物嘴巴的特征，并理解尖、扁、圆、大这些不同的形容词。同时儿歌采用问答句的形式，还能在学习中增加师生之间的互动。

二、活动目标

1. 初步学会儿歌，进一步了解动物嘴巴的不同特征。
2. 能正确理解形容词"尖"和"扁"的意思。
3. 乐意大胆、响亮地和老师或同伴一起朗读儿歌。

活动重点：初步学会儿歌，了解动物嘴巴的不同特征。

活动难点：能正确理解形容词"尖"和"扁"的意思。

三、活动准备

1. 自制课件PPT。
2. 小鸡、小鸭、小鱼和青蛙的图片以及相应的嘴巴图片。

3.《嘴巴歌》儿歌

什么动物嘴巴尖？小鸡小鸡嘴巴尖。

什么动物嘴巴扁？小鸭小鸭嘴巴扁。

什么动物嘴巴圆？小鱼小鱼嘴巴圆。

什么动物嘴巴大？青蛙青蛙嘴巴大。

四、活动过程

（一）导入部分，激发兴趣

1. 是谁在敲门呀？（出示小鸡、小鸭、小鱼和青蛙的图片）

2. 原来它们是小鸡、小鸭、小鱼和青蛙，小朋友们来和它们打个招呼吧！

3. 今天，小动物们来和我们做游戏了，你们开心吗？可是，小动物们不太开心，你们知道为什么吗？

小结：小动物们没有嘴巴，不能说话、不能吃东西，所以他们不开心，你们愿意帮它们找一找嘴巴吗？

评析：采用小动物敲门的游戏来激发幼儿对于活动的兴趣，引出活动内容，使幼儿能快速投入活动。

（二）区分动物嘴巴的不同

1. 小鸡的嘴巴是什么样的？原来，小鸡的嘴巴是尖尖的，谁愿意上来帮小鸡找一找尖尖的嘴巴呢？

2. 你们知道平时生活中还有什么东西也是尖尖的吗？

3. 小鸡的嘴巴找到了，真开心，谁还愿意来为小鸭子找找嘴巴呢？你们知道小鸭子的嘴巴是什么样子的吗？（小鸭子的嘴巴是扁扁的）

4. 你们会用小手来做一做扁扁的动作吗？请你们把手伸出来，学一学小鸭子扁扁的嘴巴吧。

5. 谁来告诉大家，小鱼的嘴巴是什么样子的？（圆的）谁想来帮小鱼找一找它圆圆的嘴巴呢？

6. 青蛙的嘴巴是什么样子的？原来青蛙的嘴巴是大大的。

小结：今天我们帮小动物们都找到了嘴巴，它们很开心，对我们说"谢谢"，那你们应该对小动物们说什么呢?

评析：在这个环节中，教师利用课件演示和"找嘴巴"的游戏相结合，帮助幼儿了解小动物的嘴巴特征，另外还运用了实物对比和经验拓展等方法帮助幼儿区分"尖"与"扁"的概念。

（三）巩固练习学过的儿歌

1. 教师完整朗诵儿歌。

2. 幼儿跟着老师完整朗诵儿歌。

3. 一问一答进行趣味朗诵。

4. 这首儿歌你们学会了吗？我们一起站起来表演表演吧！小朋友们要根据儿歌提到的动物做动作哦。

评析：在这个环节中，利用师幼共同朗诵、老师问幼儿答、幼儿问老师答、幼儿问幼儿答、一半幼儿问一半幼儿答等形式，让幼儿反复练习、巩固儿歌的内容，增强师幼之间以及幼儿和幼儿之间的互动和活动的趣味性。由于活动进行到此时，幼儿的注意力开始有些分散，为了保证教学质量，活动中让幼儿根据儿歌内容表演相应动作，可以将幼儿的注意力再次吸引过来。

（四）出示更多图片，创编儿歌

1. 教师出示小鸟图片。"你们看，它是谁呀？它的嘴巴是什么样子的？原来小鸟的嘴巴也是尖尖的，我们一起把它也编到我们的儿歌里吧。"

2. 还有许许多多的小动物，嘴巴也是各种各样的，我们一起找一找，把它们也编进我们的《嘴巴歌》里吧。

评析：通过请幼儿上台表演和创编简单的儿歌来结束活动。在最后的创编儿歌环节，教师可有意识地请幼儿创编关于"小鸟"的儿歌，进一步巩固幼儿对于"尖"的理解，与本次活动难点相呼应。

五、活动反思

《嘴巴歌》这首儿歌原来有五个句子，涉及小鸡、小鸭、小鱼、青蛙和河马，考虑到幼儿对于河马的形象理解有一定的难度，因此我删去了这一句，剩下的四句朗读起来更顺口也更易于被幼儿理解。在这个活动中，

小班

针对小班幼儿的年龄特点——注意力比较容易分散，我采取了游戏的方法来吸引幼儿的注意力，并利用多媒体课件，让幼儿观察和发现动物嘴巴的特征，同时帮助幼儿熟悉儿歌的内容，再通过提供小动物的图片来帮助幼儿记忆儿歌句子的顺序和内容，让幼儿在玩中学、玩中说、玩中练，使幼儿的能力在活动中得到提升。由于幼儿对"圆"和"大"这两个形容词已有一定的了解，但对"尖"和"扁"却不太了解，对此，我利用实物对比的方法，让幼儿对于"尖"和"扁"有一个切实、直观的感受，再利用经验拓展的方法来帮助幼儿巩固"尖"和"扁"的概念。

江苏省苏州市挹秀幼儿园　徐琳

"1"和"许多"

领　　域：数学

适合年龄：小班

一、设计意图

本次活动设计遵循陶行知先生倡导的"生活即教育"的理念，打破常规，从生活角度出发，体现了"进餐前后"对数量"1"和"许多"的感知和渗透，引导幼儿从生活中发现问题，真正做到教育内容生活化，一日生活皆教育。

二、活动目标

1. 喜欢参与操作活动，体验生活活动的乐趣。
2. 能够关注周围事物中"1"和"许多"的数量现象，并能用语言正确表达。
3. 初步理解"1"和"许多"之间的数量关系。

活动重点：能够关注到周围事物中"1"和"许多"的数量现象，并能用语言正确表达。

活动难点：初步理解"1"和"许多"之间的数量关系。

三、活动准备

1. 音乐《洗手歌》；
2. 毛巾架、毛巾、消毒桶、盆、盘、碗、勺、兜兜；
3. 各种美食图片等。

小 班

四、活动过程

(一)《洗手歌》导入活动

师:小朋友,分享美味的时间快到了,快来洗洗小手吧。

渗透六步洗手法:

手心搓一搓,

打肥皂,

手背搓一搓,

手指搓一搓,

冲一冲,

甩一甩。

评析:《幼儿园工作规程》第二十七条指出,培养幼儿的良好习惯和初步的生活自理能力。本环节结合小班幼儿的年龄特点,在活泼有趣的儿歌背景下将六步洗手法渗透其中,既吸引了幼儿的注意力又渗透了卫生教育。在音乐的带领下,幼儿们兴奋地做着洗手的每一个步骤,情绪高涨,气氛活跃。

(二)感知理解在相同事物间区分"1"和"许多"

1. 分毛巾、收毛巾

师:小朋友,洗完小手,我们去找毛巾擦一擦。请一个跟着一个走过来。看,有多少毛巾呢?(许多小毛巾和1块大毛巾)快来擦擦小手。擦完的小朋友取下自己的毛巾到老师这里来,看看自己取了几块毛巾?(1块)刚才许多的毛巾分成了一块又一块。

师:用过的毛巾每天都要消毒,请小朋友把手中的毛巾一块一块放到消毒桶里来,要记得是一块一块地放进来。

(幼儿放完毛巾后,教师注重引导幼儿观察)

师:小朋友快看,一块一块的毛巾放在一起了,桶里就有了(许多)毛巾!许多毛巾都要去消毒。

2. 分兜兜

师:小朋友,吃饭前洗完手、擦完手,还要做什么事情呢?(戴兜兜)

对，小朋友记得真清楚，看老师手中有多少兜兜呢？（许多小兜兜和一个大兜兜）。

师：老师要把许多兜兜分给许多小朋友，一个小朋友一个兜兜。

教师边分兜兜边利用儿歌引导：

戴兜兜先钻头，

伸出小手看一看，

从上往下拉一拉，

你帮我来我帮他。

师：小朋友们互相检查一下兜兜戴好了吗？每个小朋友分到了几个兜兜？

3.取碗、收碗、收餐具

师：戴好兜兜，准备分享美食啦，今天会有什么美食呢？快看这里有什么？有多少个碗？（许多）有多少个勺子呢？（许多）

（请幼儿每人取一把小勺和一个碗）

师：小朋友们都拿到了碗和勺子，那今天的美食到底是什么呢？（许多香香的煎蛋）老师要把许多煎蛋分给许多小朋友，一个小朋友分一个。

（教师将煎蛋分完后，拿着空空的盘子询问幼儿）

师：我盘子里的许多煎蛋没有了，它们去哪里了？

小结：盘子里的许多煎蛋被一个一个分到小朋友的碗里了，所以盘子才空了。

师：吃完煎蛋的小朋友，轻轻地把碗、勺放到盘子里，一个一个小碗放在一起就是许多小碗；一把一把小勺放在一起就是许多小勺。

师：现在请一个小朋友搬起一把小椅子，一个跟着一个轻轻走到前面来，一把一把椅子放在一起又变成了许多小椅子，真是太有趣了。

评析：《关于规范幼儿园一日活动的指导意见》中指出，教师应提供充足的活动材料，让幼儿在玩中学、操作中学、感知中学，提高幼儿的学习兴趣。本环节结合小班幼儿的生活经验和食物的魅力，将"取放毛巾、收放兜兜、取放碗勺"等生活环节再现，引导幼儿在使用的过程中感知了数量"1"和"许多"，在品尝煎蛋的过程中了解了数量"1"和"许多"。这其中，取放毛巾、有序排队、自主取碗等细节的展现也是幼儿良好习惯养成的过程，也是生活教育的一部分。另外，毛巾的清洗消毒、兜兜的穿戴指导、餐点的一一分发也是教师的日常工作，本环节做到了和日常生活活动的有机整合。

（三）在不同事物间区分"1"和"许多"

师：小朋友，刚才我们品尝了美味的食物，老师这里还有很多美食图片，我们看看都有什么。（出示图片）

一个苹果和许多西红柿。

（这是营养丰富的水果）

一个馅饼和许多花卷。

（这是各种花样的面点）

一块蛋糕和许多蛋挞。

（这是香甜可口的点心）

……

评析：上一个环节主要引导幼儿在同种事物间区分数量"1"和"许多"。本环节在此基础上进一步引导幼儿在不同事物间区分数量"1"和"许多"。这是感知学习层面的难度加深，同时也是生活经验的进一步拓展，让幼儿在寻找、区分多少的过程中，巩固对"1"和"许多"的认识和理解。

（四）生活渗透

师：小朋友，在我们的周围也藏着"1"和"许多"，让我们擦亮眼睛找找看数量是"1"和"许多"的物品吧。（电脑、桌子、椅子、牙齿）

师：小朋友观察得真仔细，外面也有许许多多的物品藏着"1"和"许多"，我们再去外面找找看，比一比谁的眼睛最亮，找的最多！

评析：教育即生活，生活即教育。教育不仅体现在一次活动中，更应该着眼于幼儿的长远发展。整个活动设计中除了幼儿操作材料的准备之外，还有环境的布置。此环节在幼儿对"1"和"许多"充分感知之后，引导其寻找周围环境中隐藏的"1"和"许多"，既是对之前经验的巩固，又可学以致用，引起幼儿对身边事物和周围环境的关注。

五、活动反思

认识"1"和"许多"是幼儿认识数活动的开始,根据幼儿年龄小、好玩、集中注意力时间短的特点,本次活动设计打破常规,从生活角度出发,引导幼儿感知"1"和"许多"。

1. 活动设计生活化

活动结合小班幼儿已有生活经验,引导幼儿在有趣、直观、形象的生活情境中参与游戏,既符合小班幼儿的特点,又吸引了幼儿的注意力。"洗手、戴兜兜、进餐"这种生活情景的再现,让幼儿感到既亲切又有趣。幼儿在诱人的进餐中体验并感知了"1"和"许多",同时引起了他们对数的好奇和参与活动的积极性,也让幼儿从中获得了经验积累。

2. 活动内容整合化

在活动过程中融入了认知("1"和"许多")、语言(洗手儿歌、戴兜兜儿歌的创编运用)、社会(有序排队、安静取放)等方面。最后引导幼儿从生活中寻找问题、发现问题,真正做到了教育内容生活化,一日生活皆教育。

山东省滨州市滨城区教育实验幼儿园　李丽

一双小小手

领　　域：科学

适合年龄：小班

一、设计意图

手是人的第二个大脑，人们最初通过它来接触世界、认识世界。当教师在幼儿面前展示弹奏乐曲、挑线板、画画、剪窗花、插花片等活动时，都会吸引幼儿的目光，引来他们专注的眼神。渐渐地，在潜移默化下，幼儿们也会对小手的本领产生兴趣，试着用小手进行探索，感受小手对其生活、学习的帮助。小班的幼儿是自我认知、自我意识初步形成的时期，也是掌握手部动作技能的敏感期。然而，他们对身体器官的认识还很肤浅，在活动中缺乏生活经验，自理能力较差。3～6岁是幼儿习惯养成的重要时期，习惯一旦养成，要改变就会比较困难，花费的精力也就更多。为了让幼儿有初步的责任感，也为了幼儿的长远发展考虑，我们首先从培养幼儿的自理能力入手，因此，我们选取了幼儿比较熟悉的小手作为出发点，设计了本次教学活动。根据小班幼儿的年龄特点，通过谈话、游戏、操作、观察等多种方式引导幼儿认识手，运用已有的生活经验，知道我们的手有很多本领，能干很多事情，初步掌握保护小手的方法，从不同角度促进幼儿情感、态度、能力、知识、技能等方面的发展。

二、活动目标

1. 认识自己的小手，知道每个手指都有自己的名字。
2. 知道小手的本领，了解保护手的方法。

活动重点：认识自己的小手，知道每个手指都有自己的名字。

活动难点：知道小手的本领，了解保护手的方法。

三、活动准备

1. 幼儿操作用的材料，如积木、豆子、各种乐器、珠子等若干；水果、蔬菜若干。

2. 教学课件；老奶奶、小猪写真形象各一个。

四、活动过程

(一) 创设多种游戏情境，引导幼儿正确认识手指

1. 律动"手指变变变"，引导幼儿点数手指

提问：一只手上有几根手指头呢？

通过正反数，巩固幼儿的认识。接着，将两只手合在一起，通过比较，知道两只手的手指是一样多的。

评析：《3—6岁儿童学习与发展指南》中3～4岁幼儿在数学认知方面的目标是"能手口一致地点数5个以内的物体，并说出总数；能感知和区分物体的大小、多少等方面的特点"。所以在教师问到一只手有几根手指头的时候，幼儿们大声且快速地说出了5，而且幼儿们确实做到手口一致地点数，观察分辨总结能力十分强，当两只手合在一起时，很快地发现了两只手的手指数量一样多，而且两只手一样大。

2. 手指游戏"小手拍拍"，引导幼儿认识手心和手背。手心伸出来时，教师通过挠一挠的游戏，幼儿们说出了"痒痒的"感觉，伴随"小手小手拍一拍，变成手背伸出来，变成小鸟飞一飞"的儿歌，幼儿们一步步地认识了手心和手背。

问题：每根手指都有它自己的名字，你们知道吗？

创设《小猪哼哼》的故事情境，通过"捡黑豆""跳舞庆祝"等游戏，引导幼儿认识五个手指，并知道每个手指的名字。

在"捡黑豆"这一环节中提出游戏规则：只能用大拇指和食指来捡。从而认识大拇指和食指。

师幼共舞《金孔雀轻轻跳》，小手"变成"小孔雀，认识中指、无名

指和小指。

再次提问：刚刚我们认识了手指宝宝，这是什么手指呢？

（引导幼儿互动）

3. 通过手指游戏，巩固五个手指的名字

"我们的小手又劳动又跳舞，它们累了，我们把它们送回家，大拇指睡了，食指睡了……小指睡了。天亮了，伸个懒腰，大拇指醒了，食指醒了……小指宝宝醒了"，进一步巩固了手指的名字。

评析：小班幼儿特别喜欢在富有情境的环境中学习，他们在快乐中发展，在发展中快乐。当教师第一次提问手指宝宝的名字时，这对于幼儿们是陌生的，于是教师创设了"帮老奶奶挑豆子"和"金孔雀轻轻跳"的情境游戏和舞蹈，幼儿们以较高的兴致参与到儿歌律动和游戏中，不断地了解和应用手指。

紧接着教师第二次提问，发现食指和无名指会混淆，教师伴随《手指睡觉了》的儿歌，再次巩固幼儿们对手指的认识，幼儿便很快记住了手指的名称。这一环节教师运用大量的手指游戏，一边念诵儿歌，一边协调双手动作变化，全身的能动系统只做一件事情，幼儿的注意力、记忆力、感觉统合能力、节奏感和韵律感同时得到了训练。更重要的是，精细动作在此过程中逐步提高，整个过程幼儿积极参与，又玩又跳，与教师与材料互动良好，有较强的学习主动性。

（二）幼儿自由操作材料，探索小手的本领。通过师幼谈话，知道小手的重要性

1. 幼儿自由操作材料，探索小手的本领

评析：幼儿对任何新鲜的事物感兴趣，尤其是小班幼儿，这一特点显得更为明显，教师抓住了幼儿的这一心理特征，从提供材料难度、提高操作要求等角度来保持幼儿的新鲜感。幼儿新经验的形成源于过程中的体验与感悟，幼儿们各自奔向自己喜欢的材料，有的拍球、有的串珠、有的敲鼓、有的画画、有的扣纽扣、有的穿羊肉串……幼儿们快乐地运用着自己的小手，了解着小手。

2. 师幼谈话

"刚才你的小手都干了什么？你们的小手在家里和幼儿园里还能做些什么呢？"

谈话环节与生活相结合，把视角转到幼儿园和家里，唤起幼儿的生活经验，同时也为幼儿们的语言练习提供了良好的表达机会。他们能清晰地表达出自己的小手能干的事情，比如"叠被子""在家里帮妈妈擦桌子""给妈妈洗碗"等。

（三）游戏：神奇的魔法袋，发展幼儿小手的感知能力

1.幼儿摸魔法袋猜东西（水果、蔬菜等），并说一说是如何猜出来的？发展幼儿小手的感知能力。

评析：在认识和了解了小手的名字和作用后，教师对幼儿提出了更高的要求——利用神奇的魔法袋。统合幼儿的生活经验让幼儿摸一摸，猜一猜袋子里面有什么，发展小手的感知能力。感知觉的培养是幼儿园教育中一个非常重要的部分，感官是幼儿接触世界的第一个门户。小班幼儿正处在感知能力迅速发展的时期，通过游戏，让幼儿通过触摸物体，达到获得感性认识的目的，在操作活动中，体验触摸游戏带来的快乐。

2.小结：我们的小手可以通过感觉"猜"出这么多东西，你们知道吗？这些蔬菜、水果有很丰富的营养，所以小朋友平时要多吃蔬菜水果。我们的小手这么能干，快来夸夸我们的小手吧。

（四）师幼谈话，了解保护手的方法

1.师幼谈话：我们怎样保护小手？（幼儿自由回答）

评析：《幼儿园教育指导纲要（试行）》中指出，幼儿园必须把保护幼儿的生命和促进幼儿的健康放在工作的首位。本环节与日常生活中的健康教育相结合，教师引导幼儿观察小朋友误伤小手的图片，引起幼儿对保护小手安全的关注。接着展开讨论，我们应该怎样保护小手，让幼儿带着已有的经验，重新构建新的经验体系。

2.通过观看PPT：巩固幼儿保护小手的方法。

3.游戏：好朋友。

五、活动反思

这节教学活动，是根据小班幼儿的年龄特点，选取了幼儿比较熟悉的小手作为一个点展开。《幼儿园教育指导纲要（试行）》中明确指出，幼儿园教育以游戏为基本活动，寓教育于生活、游戏之中。因此，本次活动以游戏为主、结合谈话、操作、观察等多种方式引导幼儿认识手，运用已有的生活经验，知道我们的手有很多本领，能干很多事情，初步掌握保护小手的方法。在设计活动中，教师打破传统的科学课模式，采用游戏、故事、自由操作、谈话等多种幼儿易于接受的方式进行教学活动。反思如下：

1. 对幼儿发展的反思：在整个活动中，幼儿以动为主。小班幼儿注意力集中时间较短，很难长时间从事一项活动，因而在此次活动设计中，教师将手指游戏、小律动、实物探索等多种方式融入其中，以丰富多彩的游戏活动激发幼儿的活动兴趣，活跃课堂氛围，内容由浅至深，由易到难，为有效达成教学目标做好了铺垫。在整个活动中，幼儿们在教师的引导下主动探索，表现出了较高的自主性和创造性，让环境和活动材料实现良性互动，收到了很好的效果。

2. 对教师专业发展的反思：一方面，设计此次活动时考虑到小班幼儿的发展水平和学习特点，对照《3—6岁儿童学习与发展指南》中对小班幼儿科学领域的目标要求，从激发幼儿主动探索等先进教育理念出发，进行创造性改编，增加游戏形式和内容，变沉闷的课堂说教为鲜活有趣的探索乐园。在这一过程中，教师的教育理念在实践推动下获得新鲜血液，提升了理论水平。另一方面，为契合小班幼儿的年龄特点，在进行活动设计时，教师精炼每一句话、每一个提问，力求简洁易懂、便于幼儿接受，磨炼和提升了教师的语言表达能力和逻辑思维能力。最后，在此次活动中，教师大胆突破自己，表现出一种放松自如的状态，与幼儿欢乐地游戏在一起，收获了幼儿们的喜爱。

3. 对师幼互动效果的反思：充分利用幼儿的兴趣和需要，根据幼儿发展和学习的规律特点，结合游戏，调动幼儿的兴趣，让活动变得更生动、更有趣、更有效。当幼儿出现了惊喜、兴奋等情绪，教师予以接纳，从而营造了安全的心理氛围，使幼儿们渐渐与教师更为亲近，互动增多。面对每一位幼儿的回答，教师都专心倾听、具体反馈，给予尊重和支持，如用点头、拍手、竖起大拇指等动作表示对幼儿积极思考的鼓励和肯定。

山东省肥城市实验幼儿园　张娟

大狼喝粥

领　　域：艺术

适合年龄：小班

一、设计意图

《幼儿园教育指导纲要（试行）》指出，要提供幼儿自由表现的机会，鼓励幼儿能够用艺术形式大胆地表达自己的情感。《3—6岁幼儿发展指南》也提出，3岁幼儿对自然界中的各种声音都很感兴趣，在日常生活中也很愿意模仿各种语言、表情、动作、姿态，进行自我表现。小班幼儿受年龄的限制，他们的表现力和理解力都比较弱，对音乐的感受是简单和直接的，他们对一切新奇的事物都会表现出浓厚的兴趣。好动、好听、好问、好模仿，乐意尝试用自己喜欢的方式来表现自己熟悉的动作、声音与节奏，很容易通过故事、游戏等方式进入学习情境。"大狼喝粥"这个活动是以绘本故事的形式出现，天真可爱的卡通形象一改幼儿心目中大狼凶狠可怕的形象，在这个故事里大狼化身为天真憨厚的小朋友形象，和幼儿心目中的自我认同形象接近。

二、活动目标

1. 理解故事，能用动作表现故事内容。
2. 学习使用铃鼓，感受玩打击乐器的快乐。

活动重点：理解故事，能用动作表现故事内容。

活动难点：学习使用铃鼓，感受玩打击乐器的快乐。

三、活动准备

1. 活动课件（《大狼喝粥》PPT）；
2. 幼儿人手一个铃鼓；
3. 图谱。

四、活动过程

（一）用手指游戏激发活动兴趣，导入活动

1. 带领幼儿随音乐拍手进入活动室，用手势引领幼儿坐好。

师：小手在哪里？

幼：小手在这里。

师：小手变变变。

小手小手变变变，变成铅笔画图片；

小手小手变变变，变成筷子来吃饭；

小手小手变变变，变成叉子吃西餐；

小手小手变变变，变成小勺喝稀饭；

小手小手变变变，变成小碗来盛饭。

咦？小碗不见了，哪儿去了？原来它"跑"到大屏幕上来了。

2. 大家猜一猜小碗里装着什么？（请3~5名幼儿回答）谁猜得对呢？我们一起来看一看：哦，原来小碗里盛着热乎乎、香喷喷的甜粥。大狼可喜欢喝甜粥了，大家猜猜大狼是怎样喝甜粥的？是大口大口啊呜啊呜快快喝，还是小口小口慢慢喝呢？到底谁猜得对呢？我们一起来听故事《大狼喝粥》。

（二）结合课件，组织幼儿欣赏故事，练习用动作表现故事内容

1. 教师讲述故事，通过提问理解故事内容

大狼在姥姥家是怎么喝粥的？这样喝粥好不好？为什么呢？

（1）大狼在自己家是怎么喝粥的？为什么要这样喝呢？

（2）大狼在幼儿园是怎么喝粥的？这样喝粥好不好？

总结：热乎乎的甜粥很好喝，但是喝粥的时候要轻轻地舀，轻轻地吹，

慢慢地喝。

2.结合课件再次讲故事，引导幼儿用动作表现故事内容

下面我们一起看图片，再来听一遍故事。

师：谁来表演一下大狼在姥姥家是怎么喝粥的？（舀一勺，啊呜啊呜快快喝）还可以怎么表演？

我们一起来表演一下大狼在家里是怎么喝粥的？舀一勺喝三下是怎么喝的？还可以用什么动作来表演？

请几个幼儿到前面来表演大狼在幼儿园是怎么喝粥的。

（三）结合图谱用拍节奏的方式表现大狼喝粥的样子

1.出示图谱，练习空手拍节奏

师：小朋友，除了用动作表演大狼喝粥，我们还可以用拍节奏的方式表演大狼喝粥的样子，大家请看大屏幕。

（1）大狼在姥姥家喝粥是舀一勺，啊呜啊呜快快喝。（拍一下，晃动右手）

（2）大狼在自己家里喝粥是舀一勺，喝三下。（慢拍一下，连拍三下）

（3）大狼在幼儿园喝粥舀一勺，喝一口。（慢拍两下）

2.请幼儿根据儿歌节奏进行表演

师：下面请小朋友听老师念儿歌，当念到喝粥的时候，大家用动作和声音表演出来，看哪个小朋友表演得最好。

大狼最爱喝甜粥，姥姥家的甜粥真好喝，舀一勺，啊呜啊呜快快喝。

大狼最爱喝甜粥，自家的甜粥太烫了，舀一勺，喝三下。

大狼最爱喝甜粥，幼儿园的甜粥真好喝，舀一勺，喝一口，又甜又香真好喝。

3.指导纠正，重复练习

（四）听儿歌，用铃鼓拍节奏进行表演

1.发放铃鼓，通过游戏教幼儿正确使用铃鼓

（1）小朋友们表演得太棒了，有个小伙伴看大家表演得这么好，也想

来参加我们的表演，瞧，他来了！（课件中出现小铃鼓的图片）小朋友看，它叫小铃鼓，能发出非常好听的声音。但是小朋友要注意听老师念的儿歌，只有在大狼喝粥的时候才需要小铃鼓表演，其他时候小朋友和小铃鼓都要安安静静的，不要出声。大家能做到吗？

（2）（给幼儿发放铃鼓）小朋友们和小铃鼓认识一下吧！我们一起来摇一摇、拍一拍，和小铃鼓玩儿一会儿吧。

下面请小朋友听口令和小铃鼓一起表演：小铃鼓哗啦啦，小铃鼓立正！小铃鼓咚咚咚，小铃鼓立正！完美！

2. 看图谱熟悉节奏

下面我们和小铃鼓一起表演故事。先来练习一下大狼在姥姥家喝粥，舀一勺，啊呜啊呜快快喝；大狼在自己家喝粥，舀一勺，喝三下；大狼在幼儿园喝粥，舀一勺，喝一口。

3. 听老师念儿歌，用小铃鼓进行表演

4. 分角色、分组用铃鼓进行表演

下面我们分成三组，分别表演大狼在姥姥家、在家里、在幼儿园喝粥的样子，比一比哪一组表演得最整齐。

（五）结束活动

小朋友们，今天表现得太好了，我们不但听了大狼喝粥的故事，知道了很多喝粥的方法，还学会了用小铃鼓表演大狼喝粥的节奏。

现在，让我们跟随音乐和小铃鼓一起跳起来吧！

五、活动反思

通过现场授课，我感受到了幼儿对《大狼喝粥》这个故事的兴趣和对模仿大狼喝粥动作的积极体验。在整个教学活动中，我一直以幼儿喜欢的大朋友身份出现，蹲下身子和幼儿平等交流，通过形象地讲述故事，将幼儿带入学习情境。

根据故事的推进，大狼在不同地点展示了不同的喝粥形象，故事里还蕴含了不同类型的音乐节奏。我尝试以语言节奏、身体节奏和乐器节奏为主线，设置大狼喝粥的情境线。首先由自编的手指操引发幼儿的学习兴趣，通过结合课件讲故事，让幼儿初步感知故事中的语言节奏；通过动作模仿，让幼儿进入游戏情境，进一步感知不同的节奏；然后借助图谱引导幼儿用拍手的方式表现大狼喝粥的节奏；为了激发幼儿进一步的学习兴趣，接着呈现出铃鼓这一乐器，让幼儿运用铃鼓表现大狼喝粥的音乐节奏；最后采用分组分角色表演的方式，让幼儿进行合奏，既进一步熟悉音乐节奏，又让幼儿感受到玩打击乐的乐趣。

不足之处是整个活动显得有些中规中矩，缺乏创新元素，幼儿的活动兴趣还可以更高涨一些，这是教师的教育风格和现场的掌控能力所影响的。所以在今后教育教学过程中还要多多了解幼儿，站在他们的成长发展角度去设计组织活动。

山东省莱州市平里店镇中心幼儿园　郑永平

中班

格子秀秀

领　　域：艺术

适合年龄：中班

一、设计意图

《幼儿园教育指导纲要（试行）》中指出，各幼儿园要充分利用社会资源，引导幼儿实际感受祖国文化的丰富与优秀，感受家乡的变化和发展，激发幼儿爱家乡的情感。我们这里是家纺发源地，以纺织为主的土特产品在幼儿们的生活中随处可见，到处都有让幼儿学习的机会。前段时间班级里做环创，为了体现土特特色，请家长们带来了皮革和无纺布，其中有成品、半成品，还有原材料。幼儿在参与环创时，对包包的装饰特别感兴趣，还有不少幼儿装饰包包秀给同伴欣赏，幼儿乐在其中。为了让幼儿从小就接受家乡文化的熏陶，激发幼儿对家乡资源的探索兴趣，我运用无纺布和皮革制作了一些包包、裙子、围巾等，并融合了格子画的元素，通过欣赏大师的作品，让幼儿在滋养艺术细胞的同时提高他们的动手能力、审美能力、创新能力。让幼儿在乡土文化的浸润下，形成美好的人文素养，促进幼儿能力多元化发展。

二、活动目标

1. 通过作品欣赏，感受格子作品所带来的美感。
2. 大胆创作，尝试用线条和色块装饰物品。
3. 积极参与展示活动，体验设计格子作品的乐趣。

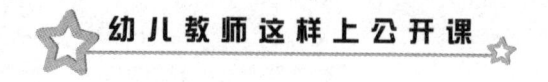

活动重点：通过作品欣赏，感受格子作品带来的美感，体验设计格子作品的乐趣。

活动难点：大胆创作，尝试用线条和色块装饰物品。

三、活动准备

1. 材料准备：多媒体课件；红黄蓝色块若干；伞、皮革、无纺布等。
2. 经验准备：幼儿有撕贴、走秀经验。

四、活动过程

（一）通过欣赏图片导入活动

1. 出示范例，让幼儿观察，初步感受格子画和三原色

师：前些天，老师出去旅游拍了一些照片，我们一起看一看，一会儿告诉我你们看到了什么？

2. 引导幼儿说说自己的发现

师：你们从这些照片里发现了什么？（有红黄蓝三种颜色）对了，这就叫三原色。（三原色由三种基本原色构成，原色是指不能透过其他颜色的混合调配而得出的"基本色"。以不同比例将原色混合，可以产生出其他的新颜色）

师：你们从这些照片里还发现了什么？（有黑色的线条）这些黑色的线条是什么线？（直线）这些黑色的直线是怎么排列的？（横着排、竖着排）它们横着排竖着排的时候变成了什么？（长方形、正方形）

小结：黑色的直线交叉在一起，变成了各种各样、大小不一的格子。

评析：该环节通过直观形象的图片欣赏，让幼儿初步感知三原色的美，给幼儿一种视觉享受，抓住幼儿的思维，充分激发幼儿的学习兴趣。运用开放式的提问，使幼儿在观察的同时拓展思维，为后面的环节作铺垫。

（二）初步了解蒙德里安及生活中包含蒙德里安格子元素的物品

师：其实啊，这些照片上的景色都是受到一个大画家的启发设计出来的，这位大画家的名字叫蒙德里安。他喜欢画这种格子画，他认为绘画是

由线条和颜色构成的，只有用最简单的几何形式和最纯粹的色彩组成的构图才是永恒的绘画。

师：人们根据蒙德里安的作品，产生了许多设计灵感，我们来一起看一看人们都在哪里运用了格子(再次欣赏格子作品)。

评析：这一环节，幼儿通过了解艺术家蒙德里安及他的格子作品，并通过生活中人们对格子作品的喜爱以及生活中多种物品糅进了格子元素，触发幼儿有设计自己格子作品的欲望。

（三）幼儿尝试创作，教师个别指导

1. 介绍材料，鼓励幼儿大胆创作

师：看了这么多设计，你们是不是也想变成设计师呢？现在我们也来学学大画家做个小小设计师，设计出属于我们自己的格子作品吧。

师：可以先把黑色即时贴贴成各种各样的交叉线，让它变成许多的格子，然后再把红、黄、蓝的即时贴贴在里面就可以了。

2. 教师根据不同幼儿的能力特点加以指导

评析：这一环节里幼儿通过对蒙德里安多种作品的欣赏，运用生活中常见的资源材料，自由、自主地创作自己的格子作品，不仅发展了他们的动手能力、审美能力、创新能力，还培养了幼儿的合作能力，更好地体现了"玩中学、学中玩"的理念。

（四）T台秀展示作品

师：现在你们就带着或穿着你们自己设计的作品，秀给大家看一看吧。

（五）活动延伸

1. 让幼儿用作品布置班级环境。

2. 在手工区继续投放具有当地文化特色的材料，让幼儿运用多种方式进行创作。在家可以和家长一起运用无纺布、皮革、色织布等材料做各种各样的手工作品。

3. 所有制作的手工作品投放在表演区让幼儿进行游戏。

五、活动反思

《幼儿园教育指导纲要（试行）》的理念让我们了解到，开展美术活动可以引导幼儿通过对艺术作品的欣赏、理解、感受和体验，逐步丰富幼儿美的经验，从而培养幼儿创造美的能力。蒙德里安是荷兰著名的新造型主义画作的创始人，他的作品常常用抽象的线条和三原色来概括各种事物，作品线条简洁、色彩鲜明，适合幼儿欣赏。我选择的图片来自于幼儿的生活却又高于生活，画面丰富，线条形成的不同方格和鲜艳的色彩让幼儿感觉非常的新奇，这一切吸引了幼儿，调动起他们浓厚的兴趣，并萌发出创作的欲望。最后基于游戏是幼儿的最佳学习方式的理念，在活动的结尾，采取了在游戏"T台秀"中，让幼儿摇身变成一个个模特，以模特走秀的形式展示自己的作品，在这个过程中不仅让幼儿从"生活中来，到生活中去"，也使幼儿增强了自信心及合作能力。

不足之处是在活动中，我只提供了黑色即时贴一种线条材料，束缚了幼儿的创造能力，针对这一不足，我将在今后的活动中进行调整和解决。在今后的活动中我将更好地做到"儿童在前"，用智慧的眼睛带领幼儿从生活中发现美的事物，引导幼儿运用多种素材感受美、欣赏美、创造美，开拓幼儿的视野，更好地发展幼儿的创造能力，用实际行动践行"教材不是幼儿的世界，世界才是幼儿的教材"这一理念。

江苏省南通市通州区先锋幼儿园　曹燕

中班

手推车

领　　域：健康

适合年龄：中班

一、设计意图

有一次在室内玩大型玩具时，萱萱看见大鹏在垫子上趴着没动，她悄悄地走到大鹏身边抓住大鹏的脚腕子就往上拉。刚开始，大鹏急着喊着让萱萱放手，可是萱萱却没有要放手的意思，还故意拿着大鹏的脚左右晃动。我正准备过去制止，却看见大棚支撑地面的手随着萱萱的左右晃动而晃动，而大鹏的整个身子似乎也越来越协调，以至于后来，两个人相互配合，竟玩起这个游戏来。平时，他们也玩儿过类似的游戏，萱萱也会让大鹏拉着自己的脚往前爬。事后，我脑海里一直回想着这个画面，也让班上的老师体验了一下这个动作，发现这个动作的难度不高，而且还特别有趣，我也想让幼儿都来尝试一下这个游戏，既能锻炼幼儿手臂的肌肉力量，又能加强幼儿之间的合作能力。

二、活动目标

1. 扮演手推车，在别人提着双脚的同时，能靠双手的力量支撑起身体往前爬行。
2. 通过手推车游戏，培养幼儿的合作意识、手臂的力量、动作的协调性。
3. 对手推车游戏感兴趣，并能很好地配合同伴完成游戏。

活动重点：通过手推车游戏，培养幼儿的合作意识、手臂的力量、动作的协调性。

活动难点：扮演手推车，在别人提着双脚的同时，能靠双手的力量支撑起身体往前爬行。

三、活动准备

1. 手推车图片；
2. 室内开阔场地；
3. 大型泡沫积木若干；
4. 蓝色筐子4个。

四、活动过程

（一）情景引入

师：老师想在马路的对面搭一个大房子，可是搭房子的砖都在马路这边，我需要把砖运到马路的对面，可是，我的手推车不见了，可能在森林里，你们愿意和老师一起去找手推车吗？

师：我的手推车长这个样子（教师出示手推车的图片），有两个轮子，有两个手柄，中间是一个大筐。我们出发吧！

和幼儿来到"草丛"，左边扒一下，右边扒一下；看到"小鸭"，学小鸭走路；来到"小河"边，河里有好多的石头，宝宝们小心，我们踩在石头上过河，不要掉进水里，与幼儿一起双脚跳；看到柳树，与柳树随风飘动，做律动动作。

（二）请幼儿发挥想象力，合作扮演手推车进行动作练习

1. 观察图片，请幼儿发挥想象力，两人合作扮演手推车

师：小朋友们，你们找到手推车了吗？

朵朵：我们找了好多地方都没找到，还去了小河边都没找到。

师：那怎么办呢？没有手推车，就不能把砖运到马路对面搭房子了！不过……老师有个好办法，我们可以用身体搭一个手推车，但是，要怎么用身体搭一个手推车呢？

大鹏：我们可以趴在地上。

师：趴在地上是个好办法，你趴在了地上，谁来推呢？想一想，可不可以两个小朋友合作呢？我们来看看图片上的手推车长什么样。

萱萱：我可以抓住大鹏的脚，这样就可以推着走啦！

师：萱萱这个方法特别棒，可是，抓住前面一个小朋友的脚，你们要怎么合作往前推呢？

仔仔：前面那个小朋友的手往前走时，后面一个小朋友也同时走。

师：请仔仔找一个好朋友一起扮演一下手推车。（毛毛趴在地上，仔仔抓住毛毛的脚，毛毛的下半身悬在空中，双手撑起来，仔仔抬起毛毛的脚往前走，毛毛不小心倒了）

师：为什么他们没有成功呢？

莎莎：仔仔太急了。

2. 边活动边点评

仔仔在推小车的时候，毛毛没有配合仔仔的动作，所以才会摔跤。首先小朋友们的整个身体先趴在地面上，然后用手和脚支撑起身体，使身体离开地面，在这个过程中胳膊肘和膝盖伸直，肚子和屁股与身体平行。站着的幼儿抬着趴在地面的幼儿的脚腕，趴在地面的幼儿用双手支撑起身体，慢慢地往前爬动，两人需要相互配合进行，一步一步地走，不要着急。

3. 请幼儿找一个好朋友进行手推车的动作练习

师：请小朋友们找一个好朋友，自己商量谁趴在地上、谁来推车。扮演时要注意安全，要和同伴配合好。（幼儿自由扮演，教师巡回观察并指导）

（三）游戏（扮演手推车）

1. 第一次游戏

玩法与规则：教师将幼儿分为两队，排头的幼儿走到对面绕过蓝筐回来，去队伍的最后排队，下一组出发。

师：小朋友们，你们准备好了吗？

幼儿进行游戏，教师随时观察幼儿们的情况。

2. 第二次游戏（用手推车运砖头）

玩法与规则：请幼儿在扮演手推车的基础上，把砖头（泡沫积木）放在趴下的那名小朋友的背上，两人合作走到对面把砖头放进筐子里，然后再回到队伍。在运砖头时要注意安全，一步一步地走，不要着急。

师：小朋友和"手推车们"合作得越来越好了。现在我们游戏升级，请手推车们帮老师把砖头运到对面的筐子里。（教师介绍玩法与规则）

幼儿游戏，教师巡回观察幼儿，提醒幼儿玩法与规则。

3. 第三次游戏（手推车比赛）

师：老师又要给小朋友们增加难度了，看一看哪一组的队员最先把蓝筐里的砖头运到对面去。你们愿不愿意接受这个挑战呀。（幼儿可以为自己的组取一个好听的名字）

游戏时，教师巡回观察，给予幼儿及时的鼓励与帮助，提醒幼儿游戏玩法与规则。

（四）结束与放松

与幼儿一起搭房子放松。

五、活动反思

手推车活动主要靠幼儿相互合作完成。在平时的游戏中幼儿的一举一动教师都有关注，就像这次活动一样，正因为幼儿的这一举动令我有了想法，原来我们的身体也可以扮演角色进行体育游戏。这次游戏主要锻炼幼儿手臂力量和合作能力，能在同伴提起双脚的同时，靠手臂力量支撑起上半身，把泡沫积木放在身上运到对面，两人要一致，同步前进。这对于中班幼儿来说是有挑战性的。首先，中班幼儿对于身体的控制能力还不是很强，在保持平衡的同时还要注意与同伴的配合。在游戏过程中，在动作的练习中，有很多幼儿都不能一次性地把身体支撑起来，可他们没有放弃，不断地突破自己。在两人的合作中，幼儿也都很积极，你走一步我走一步，配合得很默契。幼儿不仅在游戏中锻炼了手臂的力量，还增强了合作的意识。

重庆市新桥医院幼儿园　胡燕茹

中班

和小动物一起玩

领　　域：数学

适合年龄：中班

一、设计意图

随着教学改革的不断深入和计算机技术的飞速发展，多媒体技术作为一种全新的先进教学手段，已经深入教育的每个角落。本节课我根据幼儿的年龄特点和已有的经验，有针对性地开展多媒体数学游戏教学活动，巧妙地将信息技术有效地融入幼儿的数学游戏过程中，同时通过幼儿和电子白板的游戏互动：和小羊、小牛玩捉迷藏、拍球比赛、射击比赛、接飞盘比赛等游戏，将静止的图文视听化、将复杂的内容简明化、将抽象的思维可视化，使幼儿如身临其境，让幼儿在多媒体游戏中积极学习，从而达到更好的教学效果。

二、活动目标

1.尝试运用数数的经验和重叠的方法，比较10以内数量的"多""少"以及"一样多"。

2.明确"多""少"以及"一样多"的概念，体验数学游戏的快乐。

活动重点：明确"多""少"以及"一样多"的概念，体验数学游戏的快乐。

活动难点：尝试运用数数的经验和重叠的方法，比较10以内数量的"多""少"以及"一样多"。

三、活动准备

课件PPT及相关图片。

四、活动过程

（一）导入

师：今天，老师给你们带来了一张漂亮的图画，你看到了什么？（播放PPT，屏幕上展示出漂亮的绿草地背景图：草地、大树、飞机、栅栏）

师：想不想跟老师一起到这片漂亮的草地上玩儿？老师还请来了两个小动物和我们一起玩儿呢。瞧，他们来了。

（二）和小动物捉迷藏（复习数数）

师：看看，小羊和小牛要和我们玩儿什么游戏呢？（播放PPT课件，小羊、小牛捉迷藏背景图：5只小羊、6只小牛分别藏在草地、大树、飞机、栅栏的后面）

评析：以色彩艳丽、形象生动的画面吸引幼儿，能够增加教学魅力，激发幼儿的学习兴趣。

师：请你们找一找、数一数，有几只小羊躲起来了？他们都躲在哪里呢？（幼儿点击，躲在背景图后面的小羊弹出并发出"咩"的叫声）

师：我们一起数数看，是不是有5只小羊躲起来了。我们一起学一学小羊的叫声，请注意应该有几只小羊的叫声？（教师点击PPT，出现数字"5"）

师：再数一数，有几头小牛躲起来了？是不是6只呢？我们找出来看看。（幼儿点击，躲在背景图后面的小牛弹出并发出"哞"的叫声）

师：原来是6头小牛躲起来了，我们一起学学小牛的叫声吧，注意6头小牛应该叫几声？（点击PPT，出现数字"6"）

评析：幼儿观察并寻找画面中小羊和小牛捉迷藏的图片，通过点击相应的位置，小羊、小牛先后弹出并发出对应的叫声。幼儿模仿动物的叫声，如身临其境，使幼儿很快进入游戏的情境中。

（三）小牛、小羊来比赛（运用数数的经验和重叠对应的方法，比较9以内数量的"多"和"少"）

1. 拍球比赛

师：小羊和小牛要进行拍球比赛，看看小牛拍了几下（8下）；数数小羊能拍几下（7下）。（教师点击动态课件，小羊、小牛动态拍球）

师：拍球比赛谁赢了？（小牛赢了）

教师小结：数字越大，数量越多。

评析：将静止的拍球图片转换成动态的拍球动作，课件中小羊、小牛动态拍球，幼儿跟着互动模仿拍球动作，能够帮助幼儿更好地感知数量。

2. 射击比赛（用不同的方法数数，比多少）

师：小羊先开枪，看看能打中几枪？（9枪）

师：小牛来开枪，数数小牛一共打中了几枪？（从打的枪洞数起，封闭数数，8枪）

师：比赛谁赢了？

教师小结：小羊打中了9枪，比小牛打中的8枪多，小羊赢了。

评析：画面中小羊、小牛比赛射击，幼儿模仿开枪的动作对准左右移动的靶子，和动态画面中的小羊、小牛一起开枪并发出声响，增加了游戏的趣味性。

3. 接飞盘比赛（飞盘重叠对应比多少）

师：小羊、小牛玩接飞盘游戏，数数小牛、小羊分别接到了几个飞盘。

师：谁接的多？有什么好办法？

师：把盘子两两叠起来，看看谁接的多？（小羊接到飞盘9个和小牛接到飞盘10个重叠在一起，小牛多一个，小牛赢了。）

教师小结：谁多谁少，可以用数数的方法，还可以用叠在一起的方法比一比。

评析：将幼儿的学习化静为动，化虚为实，模仿扔飞盘的动作，将飞盘扔给画面中的小牛和小羊，动态模拟，演示逼真，幼儿深入情景，积极参与。

（四）分享奖品（尝试变成一样多）

师：小羊和小牛比赛结束了，它们赢了很多奖品，都是什么奖品呢？（棒棒糖）

播放课件，第一排粉色棒棒糖10根，第二排蓝色棒棒糖8根。

师：数数分别有多少根棒棒糖？怎样才能让两种颜色的棒棒糖变得一样多？

小结：添加两根蓝色棒棒糖或者去掉两根粉色棒棒糖，可以使两种颜色的棒棒糖变得一样多。

师：还有什么办法可以使棒棒糖一样多吗？（把粉色棒棒糖移到蓝色棒棒糖那里，会一样多，这样上下各9根棒棒糖）

评析：幼儿观察画面，用添上两根棒棒糖、去掉两根棒棒糖或挪动一根棒棒糖的办法，使两排棒棒糖变得一样多，既突破了活动的难点，又使幼儿体验了分享的快乐。

五、活动反思

围绕小动物以做游戏的方式开展活动，在游戏的过程中进行学习，幼儿积极投入，师幼互动，达到了良好的课堂教学效果。活动中，激励表扬对于增强幼儿参与学习的兴奋度具有重要的作用，可以使幼儿对于回答问题、参加活动等方面的积极性空前高涨，这是积极情感在教学活动中促进效应的典型体现，教师在幼儿教学中要注重发挥这样的积极评价。整个教学活动的过程看似都是在数数，但实则难易程度不同。最后的延伸部分设计得也非常巧妙，通过比较两排棒棒糖是否一样多，让幼儿想办法思考解决，这一活动遵循着从易到难、层层递进的原则开展。活动中的不足之处是，给予幼儿思考的空间较少，有些急于让幼儿给出答案，少了一些自主性，以后要规避这些问题。

江苏省徐州市云龙区幼师翰城幼儿园　刘惠

小青蛙跳跳

领　　域：健康

适合年龄：中班

一、设计意图

跳跃是人体运动的基本动作，也是锻炼幼儿身体的有效手段。幼儿通过参加各种类型的跳跃活动，可以增强腿部肌肉力量，发展弹跳能力、爆发力以及身体的灵敏性、协调性和平衡能力，对幼儿视觉运动能力也有积极的促进作用。根据中班幼儿活泼好动，乐意遵守规则又勇于接受挑战的特点，我设计了体育活动"小青蛙过河"，创设活动情境，让幼儿在运动和游戏中愉悦身心，锻炼体能。

本次活动主要设计了：青蛙操，青蛙学本领——跳"田埂"，小青蛙"过河"，快乐青蛙回"池塘"。在这样的体育运动过程中，循序渐进地引导幼儿运用多种器械进行组合练习各种跳跃方式，鼓励幼儿大胆想象，增强自信。活动中运用器械多变好玩的特点，使幼儿的活动兴趣与运动负荷达到高潮；结束部分放松身体，调整呼吸，符合幼儿生理机能变化的要求。

在《3—6岁儿童学习与发展指南》精神的引领下，整个活动在关注动作发展的同时，也注重培养幼儿的竞争意识，以及不怕困难、克服惧怕、勇往直前等意志品质和合作精神。

二、活动目标

1. 尝试用不同方式跳跃障碍物，锻炼跳跃能力。

2. 提高幼儿爬、跑、走、跳跃运动的能力，锻炼体能，发展肢体动作的灵活性和协调性。

3. 培养幼儿主动参与、大胆尝试、挑战自我的勇敢精神。

活动重点：结合小青蛙学本领的情景，让幼儿尝试用不同方式进行跳跃。

活动难点：通过模仿青蛙学本领，尝试用不同的方式跳跃障碍物，发展跳跃能力。

三、活动准备

垫子、圈、梯子、绳子、竹竿、平衡板、半月摇、软棒、轮胎等器具。

四、活动过程

（一）青蛙操：热身运动（播放音乐）

1. 小青蛙们，跟着青蛙妈妈一起去池塘边玩耍吧。每个小青蛙拿一块垫子进场。（动作：伸伸懒腰、扭扭脖子、甩甩小手、扭扭屁股、抖抖小脚）

2. 热身：运用锻炼身体的情境串联热身运动。

评析：结合小青蛙跟着青蛙妈妈一起做运动这一情景，让幼儿活动身体各部位，为接下来的游戏活动做准备，以避免拉伤、扭伤的情况发生。

（二）青蛙学本领，跳"田埂"（基础部分）

1. 幼儿自由自主地练习跳（师幼滚荷叶，跳荷叶）

小青蛙们，你们会跳吗？我们一起来试一试。（关注幼儿跳跃的方法及动作要领。教师有意识地拓展一些方法）

① 双脚跳：双脚并拢，向上、向前跳，双脚轻轻落地。

② 单脚（连续）跳：一只脚轻轻落地。

③ 跨跳：有一定的宽度，要跳得远。

评析：以故事情节贯穿整个活动，教师以同伴的身份参与其中，使幼儿一直保持较高的参与活动的热情。活动中有绳子、圈、半月摇、平衡板、竹竿等器具，供幼儿自主探索，给予了幼儿充足的游戏选择。幼儿在自由选择器械进行跳跃练习时，多种不同的跳跃方式加强了幼儿的锻炼强度。

2. 幼儿个别展示

青蛙妈妈发现有几只小青蛙的跳法很特别，我们一起来学一学吧。（幼儿分别站在跑道线的两旁观看表演跳跃的幼儿）

提问：你是怎么跳的？能跳给大家看一看吗？（鼓励幼儿展示自己与别人不同的跳法，并强调动作要领）

3. 集体练习（鱼贯式练习）

小青蛙们，在捉虫子之前，我们得把本领练得棒棒的！池塘边有许多好玩的玩具，我们一起搬到空地上去玩一玩吧。

评析：本环节由个别经验转化为集体经验，在动作技能上提出较高要求，鼓励幼儿大胆展示自己与别人不同的跳跃方式，并培养幼儿不怕困难的品质。

（三）小青蛙"过河"（高潮部分）

1. 师幼一起搭小桥

小青蛙越长越大，本领也越来越大。河对面的田里有害虫，可是我们现在过不去，让我们一起来搭小桥吧！每座小桥上都要有跳的动作。

2. 幼儿自主练习

现在小青蛙要跳过这座"小桥"去捕捉害虫。注意这几座"小桥"难度都不一样，小青蛙们都要去试一试。河里还会有"鳄鱼"，要小心！

第一次活动：小青蛙自由地跳过"小河"，引导幼儿选择适宜的"小桥"过河。要求：注意安全，避免冲撞。（捉害虫：沙包代替）

第二次活动：（增加游戏情节）河里游来了"鳄鱼"（软棒圈），对面的田里有害虫（积木替代），小青蛙依次跳过河捉到害虫，将"害虫"放在指定的筐里。

提问：小青蛙露露抓了两只害虫，小青蛙昊昊比露露多抓一只，那么昊昊抓了几只害虫呢？

评析：本环节教师依然以玩伴的身份参与幼儿游戏，以自身的新玩法带动幼儿迁移、拓展学习内容；用语言、动作等引导幼儿想出新的跳跃方法；组合各类器具进行游戏，增加游戏情节，关注幼儿情绪，鼓励他们挑战有难

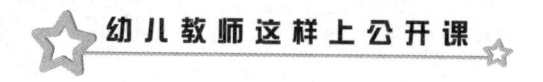

度的跳跃方式。

（四）放松游戏：快乐青蛙回"池塘"（播放音乐，放松一下）

1. 害虫捉完了，小青蛙们在"池塘"里做放松运动。

2. 教师简单点评活动中的情况，表扬幼儿的勇敢和大胆。

师：今天所有的"小青蛙"都很能干，学到了新本领也抓了许多害虫，给自己鼓鼓掌吧！

3. 幼儿帮助教师收拾场地，结束活动。

五、活动反思

本活动在"小青蛙跳跳"的情景中展开，幼儿的兴趣非常浓厚，体现了"玩中学"的理念。本次活动不仅较好地完成了活动目标（尝试用不同方式跳跃障碍物，发展跳跃能力），而且大部分幼儿都能达到相应的运动负荷，情绪也非常积极。

不足之处是，在活动过程中，个别幼儿在不同方式的跳跃上（比如双脚跳，双脚并拢，向上、向前跳，双脚轻轻落地）遇到了一些困难。这将在今后的日常生活中，有针对性地加强学习与练习，希望每一位幼儿都能在玩中学到本领。

浙江省海宁市实验幼儿园教育集团康桥幼儿园　陆金薇

中班

寻找空气

领　　域：科学

适合年龄：中班

一、活动意图

在幼儿眼中，无处不在的空气隐藏着许多的"小秘密"，而且这些"小秘密"又蕴含着许多的科学知识。中班幼儿虽然了解了空气的存在，但不能全面了解空气的特点，也不了解空气与我们生活的联系，不能对探究空气的秘密产生深厚的兴趣。鉴于此，为了调动幼儿积极探究空气秘密的兴趣和对大自然的热爱，增强幼儿对空气的全面认识，帮助他们获取一些有关空气与人类关系的经验，所以开展了本次活动。

《幼儿园教育指导纲要（试行）》中明确指出，科学教育应密切联系幼儿的实际生活进行，利用身边的事物与现象作为科学探索的对象。因此，在活动过程中，每一个科学现象都与生活有关，教师为幼儿提供了丰富的材料，使他们可通过手、眼、脑等多种感官去发现问题、解决问题，同时使幼儿由被动接受者变为主动学习者、探索者，从而萌发爱科学的情感。

二、活动目标

1. 喜欢关于空气的实验活动，积极探究空气的秘密。

2. 通过实验操作和生活联想，发展其观察力、探究力、说明性语言的讲述能力以及解决问题的能力。

3. 了解空气是无处不在、看不见摸不着、无色无味的气体；知道我们离不开空气；知道空气有助燃的作用。

活动重点：了解空气是无处不在、看不见摸不着、无色无味的气体；知道我们离不开空气；知道空气有助燃的作用。

活动难点：通过实验操作和生活联想，发展其观察力、探究力、说明性语言的讲述能力以及解决问题的能力。

三、活动准备

幼儿已有经验：仅仅了解空气的存在，但不能全面了解空气的特点，也不了解空气与我们生活的联系，更不能够用规范、准确、简单明了的语言讲述空气的特点。

材料准备：

1. 课件PPT；

2. 餐巾纸、一盆水；

3. 一个大的透明的缸、10个玻璃杯、10个塑料杯、10支蜡烛；

4. 要求幼儿每人提前收集一袋空气；

5. 与空气有关的图片。

四、活动过程

（一）交流讨论和实验操作，激发幼儿探究欲望，同时了解空气的无处不在

《3—6岁儿童学习与发展指南》中指出，幼儿科学学习的核心是激发探究兴趣。所以，好奇心和探究欲望是科学启蒙的关键，它将使幼儿永远保持探究学习的热情。因此，教师利用有趣的科学操作活动，激发幼儿探究空气特点的欲望。

1. 教师提问，幼儿交流分享

师：小朋友每人收集了一袋空气，请问大家是从哪里收集的空气？

师：除了我们生活的环境中有空气，空气还会藏在哪里呢？

（引发幼儿思考后，教师要引导幼儿大胆发表自己的意见）

师：（教师出示玻璃杯）杯子里有什么？

教师小结：原来空气随处可以收集到。

2. 教师操作"杯子倒扣水中"的实验，要求幼儿注意观察

教师操作：将餐巾纸塞入杯底，把杯子垂直倒扣着压入水下（手一直按住杯子），一会儿从水中取出杯子，问幼儿："看看餐巾纸有什么变化？"

师幼讨论：发现杯中的餐巾纸没有湿，依然是干的。水为什么进不了杯子？杯子里有什么东西不让水进去？

教师小结：空气不仅存在于我们随处可以收集到的地方，也藏在杯子里。

3. 全体幼儿操作"粉笔放入水中"的实验

师：我们生活的环境中有空气，杯子里藏着空气，那么，哪里还藏着空气呢？

全体幼儿操作实验。

把粉笔投入盛有水的杯子里，粉笔冒泡，证明有空气存在。

师幼交流讨论得出结论：粉笔里也藏着空气。

师：大家想一想，空气还会藏在哪里？

师：空气在我们周围，在杯子、粉笔、衣服、鞋子里，还有田野里、天空中。许多地方都有空气，请用一个词语来描述空气的存在。

教师小结：空气是无处不在的。

评析：教师通过活动前引导幼儿随处收集空气并表述出其收集来源的环节，让幼儿直接体验并感受"空气无处不在"，活动设计既巧妙又富有说服力。同时，教师在进行"杯子倒扣水中"的实验时，鉴于幼儿的操作经验不足便为其进行直接的示范与演示，这不仅保证且规范了实验的准确性，也为幼儿接下来的亲身实验做好指导与铺垫。

（二）观察、交流、讨论，使幼儿进一步了解空气的特点

师：空气无处不在，那空气是什么样子的呢？现在请看一看周围的空气是什么样子的？（出示与空气有关的相关图片）

师：既然看不到空气的样子，那么摸一摸、闻一闻，你有什么发现吗？

教师小结：原来空气不仅无处不在，空气还是看不见摸不着，无色无味的。

评析：教师在引导幼儿讨论"空气是什么样子的"时，针对幼儿表述经

验不足的实际情况，让幼儿通过"看一看""摸一摸""闻一闻"，充分调动幼儿的感知觉，以此帮助幼儿理解与表达，这也体现了教师别具匠心的引导方式，最大限度地激发了幼儿的发散思维。同时，图标的出示更加深了幼儿对于空气特点的了解与认知。

（三）互动游戏和实验操作，培养幼儿初步的探究能力，同时全面了解空气的用途

《幼儿园教育指导纲要（试行）》"科学领域"中明确指出，要积极引导幼儿对身边常见事物和现象的特点及变化规律产生兴趣和探究欲望。所以，在此环节中教师将互动游戏、实验操作，与实际生活中的现象相结合，培养幼儿初步探究问题的能力和解决问题的能力。

师：我们知道了空气是无处不在、看不见摸不着、无色无味的气体，那么空气有什么用途呢？

1. "屏息10秒"互动游戏

互动游戏：师幼一起闭紧嘴，捏住鼻子，屏住呼吸10秒。

师：大家刚才有什么感觉？为什么有这样的感觉？

结论：人需要空气，没有空气，人会窒息而死。

师：除了人类需要空气，谁还需要空气？

教师小结：我们离不开空气，小动物、植物也离不开空气。

2. 师幼分别操作"燃烧需要空气"的实验

师：还有一种特殊的事物需要空气，大家想不想知道？

教师操作实验，幼儿观察。

用杯子将燃烧的蜡烛与外界的空气隔离，蜡烛逐渐熄灭。

师：蜡烛为什么慢慢熄灭了？用杯子将燃烧的蜡烛与外界的空气隔离，空气进不去，蜡烛就熄灭了。这说明什么还需要空气？

结论：燃烧需要空气。

幼儿分组做实验，观察火焰的变化。

师：杯子将燃烧的蜡烛与外界的空气隔离，能使蜡烛熄灭，那如果我们家做饭时油锅着火了，怎么办？（用锅盖盖住锅，把火与空气隔离开）

教师小结：小朋友们可以将安全小知识告诉自己的家人，我们年龄太小，这个实验很危险，所以不能自己独立操作。

评析：教师利用互动游戏，使幼儿真实体验到了空气对人类的用途，接着用引导和追问的方法，使幼儿自然而然地了解到动物和植物也需要空气。教师还运用具体形象的图片来表示火焰的变化，进一步培养幼儿初步的探究能力。最后教师还借用实验来引导幼儿解决实际生活问题，充分体现了陶行知先生"生活即教育"的教育理念。

（四）生活迁移

师：刚才提到空气对于人类如此重要，可是由于个别人随意乱堆乱放垃圾、大量砍伐树木，以及汽车尾气和工厂有害气体排放，使我们的空气被污染，那我们应该怎样做？

幼儿交流讨论想法。

教师小结：希望大家成为环境小卫士，时刻提醒周围人们保护我们的环境，相信我们会生活在一个清新的环境里。

评析：本环节教师通过图片引导幼儿意识到"环境污染"带来的巨大危害，激发幼儿保护环境的意识，真正实现了"学科学，用科学"，引导幼儿利用科学经验解决实际生活中的问题，充分体现了科学服务于生活的教育理念。

（五）活动延伸

1. 将衣服、气球、杯子、蜡烛、毛巾等更多的材料投放在区域中，幼儿可以自主操作，进一步观察、探究空气的秘密。

2. 发放调查表进一步深入探索、了解空气的秘密。

五、活动反思

活动前先请幼儿各自在不同的地方收集一袋空气，因为做足了准备，幼儿在活动开始阶段能够尽情表达"在哪里收集的空气"，接下来再由教师通过实验，证明和总结出空气的无处不在，使幼儿深入理解空气无处不在的特点。在第二个环节中，因为中班幼儿以形象思维为主，所以用请幼儿看一看、摸一摸、闻一闻等方式，使幼儿轻松理解空气看不见、摸不着、无色、无味的特性。在第三个环节中，教师先利用互动游戏使幼儿了解人们需要空气，然后引申出动物、植物也需要空气，层层递进，过渡自然，幼儿理解起来无压力。依据"教育源于生活，又服务于生活"的教育理念，最后的环节，利用图片引导幼儿了解空气被污染的原因，让幼儿独立想方设法解决身边遇到的问题，从而提高幼儿独立解决问题的能力。培养幼儿成为生活的主人，引导幼儿利用科学现象来解决生活问题。活动中的不足之处是，没有引导幼儿了解空气是一种气体，可以让幼儿两人一组互相吹气，感受"空气是一种气体，并且空气流动起来可以产生风"等相关知识。

山东省滨州市滨城区教育实验幼儿园　任月云

小猫过生日

领　　域：语言

适合年龄：中班

一、设计意图

"小猫过生日"以幼儿熟悉的生活情景——过生日为内容，创设了多个富有探究性的画面。虽然故事情节简单易懂，但一个又一个隐藏的悬念却能够始终吸引着幼儿的注意。中班幼儿对于观察推理非常感兴趣，在阅读过程中，可以引导幼儿从局部到整体进行猜测，让幼儿体验到积极思考的快乐。

二、活动目标

1．在看看、猜猜、想想、说说中，理解图书内容。
2．能根据物体的轮廓进行合理的猜测，发展思维能力。
3．养成细致观察画面、逐页阅读的好习惯。

活动重点：养成细致观察画面、逐页阅读的好习惯。

活动难点：在看看、猜猜、想想、说说中，理解图书内容。

三、活动准备

1．多媒体课件；
2．大型自制图书一本；
2．礼物盒配对材料，人手一份。

四、活动过程

（一）激情导入

1. 师：喵喵喵，谁来了？

幼：小猫。

2. 师：你们觉得这只小猫怎么样？

幼1：眼睛笑眯眯的，感觉很开心。

幼2：穿得很漂亮。

师：是的，小猫今天有一件特别开心的事，谁愿意来猜猜看，是什么事让它这么开心？

幼儿大胆发表想法。

3. 师：到底是什么事让小猫这么开心呢？（出示小猫过生日的画面）

幼：小猫要过生日了。

师：你从哪里看出来小猫要过生日了？

幼：有蛋糕。

师：小朋友过生日的时候，都要买蛋糕，所以你们看到蛋糕也觉得小猫要过生日了。谁再猜猜，小猫是过几岁生日呢？

幼：4岁。

师：为什么呢？

幼：因为蛋糕上有4根蜡烛，就是过4岁生日了。

（二）感受故事的前半部分

1. 师：今天小猫过生日，发生了一些什么事呢？让我们一起来看故事书《小猫过生日》。

幼儿欣赏配乐以及故事的前半部分，教师随内容翻阅图书，故事讲至……照亮了许多柜子。

2. 师：谁来说说看，小猫生日那天发生了什么事？

幼：小猫生日那天，突然停电了。

师：谁能把"停电"那幅图翻出来。（请一幼儿上前翻阅图书）

3．师：停电了，整个屋子都变得黑乎乎的，怎么黑乎乎的房间里还会有闪光的东西啊？那是什么？

幼：是眼睛。

师：是谁的眼睛啊？

幼：是小猫的眼睛。

师：小猫的眼睛可真亮，怪不得它在黑乎乎的晚上能抓到大老鼠。

4．师：停电了，小猫是怎么做的呢？

幼：找来了手电筒。

师：你们听得可真仔细。那么打开手电筒后，看见小猫的屋子里有几个柜子呢？

幼：3个柜子。

师：柜门打开，里面放着什么呀？

幼：有水果。

师：有些什么水果呢？

幼：有1串香蕉和3个苹果。

师：还有可以打开的柜门吗？谁来打开看看？（依次请幼儿上前打开柜门，看一看，说一说）

（三）感受故事后半部分

1．师：叮咚！叮咚！有客人来了！（依次翻阅书中关于影子图的部分）停电了，好黑啊！不用手电筒，只能看到客人模模糊糊的影子。谁来说说，小猫家来了几位客人？

幼：3位。

2．师：是哪些客人呢？

幼：有小兔子。

师：你觉得哪幅图是小兔子呢？上来翻一下，说说你是从哪里看出来的，可以用动作表示一下。

幼儿讲述原因，并用动作展示画面内容。

3．师：客人们都进屋了，她们手里都拿着礼物呢？这些礼物盒真漂亮，

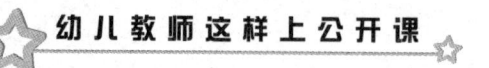

有些什么颜色?

幼:有红色、橙色、黄色、蓝色、绿色、紫色。

师:都是些什么形状呢?

幼:红色、橙色是正方形的;紫色是长方形的;黄色是圆形的;蓝色是三角形的;绿色是半圆形的。

4．师:小兔子是怎么拿礼物盒的呢?

幼:抱着方形的橙色礼物盒。

邀请幼儿一起学小兔抱礼物盒的动作。

师:小猴是怎么拿礼物盒的呢?

幼:把红色圆形的礼物盒放在了头顶上。

师:原来小猴把礼物盒顶在了头上,我们一起来学一学它吧。

(四)完整欣赏故事

1．师:小猫过生日的故事有趣吗?这里还有一个好听的故事呢!让我们一起一边看书,一边仔细地听一听!(幼儿完整地欣赏故事)

2．师:这个故事的题目叫什么?故事里的小猫看到有这么多朋友来为它庆祝生日,它心里怎么样?说了些什么呢?

(五)配对游戏

1．师:这边桌上有一些礼物盒,谁来说说有些什么形状和颜色?(有紫色的三角形礼物盒、蓝色的正方形礼物盒、黄色的长方形礼物盒)

2．课件显示礼物配对画面

师:这么多形状的礼物盒里到底装了些什么呢?突然又停电了,只能看见礼物盒的影子,小猫想请小朋友们帮忙整理一下,把礼物和影子手拉手,贴在一起。

3．在小朋友的小椅子下,每个人都有一个礼物盒,谁愿意说说你的礼物盒是什么形状的,里面装的是什么礼物?

4．师:下面我们一起为小猫唱快乐的《生日歌》,一起祝小猫生日快乐!

五、活动反思

这个故事，情节简单，画面简洁明了、生动形象，让幼儿产生了极大的兴趣。为了使活动每一个环节紧凑而不脱节，并且让幼儿能顺利地接应老师抛出的问题。从备课到上课，每一个细节我都进行了精致的推敲，每一句引导语、过渡语的设计都有讲究。活动过程中，幼儿都能积极主动地学习、思考，注意力非常集中。本次活动不仅让幼儿掌握了读本中的句式，也使他们充分体验到了阅读活动带来的快乐，达到了预设的目标。本次活动的准备工作做得较好，但是在活动中对教育的不确定性和随机性关注不够，这方面有待加强。

附故事：

今天天气真好！小猫把自己打扮得漂漂亮亮的，因为今天是它4岁的生日。晚上，它邀请朋友们来做客。突然，停电了！屋子里一片漆黑。

小猫拿来了手电筒，照亮了许多柜子，发现蓝色门的柜子里放着一串香蕉和3个苹果，黄色门的柜子里放着两双拖鞋、两双皮鞋，最大的红色门的柜子里挂着3套漂亮的裙子和3条短裤，都是小猫最喜欢穿的。

叮咚，门铃响了，是谁呀？小猫连忙打开手电筒，原来是小兔、小猴、小刺猬来了。

这时灯亮了，啊！这么多朋友呀！还带了许多的礼物呢！

小猫说：今天真高兴，有这么多朋友来为我过生日，我又长了一岁！

大家一起快乐地唱起了《生日歌》！

江苏省苏州叶圣陶实验小学幼儿园　王静

年夜饭

领　　域：社会

适合年龄：中班

一、设计意图

年夜饭是农历除夕晚上全家人团聚在一起吃的饭，也是一种重要的春节习俗，其寓意团圆、吉祥、喜庆。为了让幼儿知道年夜饭的意义，感受过年中一家人吃年夜饭团圆、喜庆、热闹的氛围，同时也让幼儿能深入了解几种有代表性的年夜饭，引导幼儿自主选择年夜饭主题，制订和实现自己的计划，从而选择这一节日习俗开展教学活动。为此，我准备通过师生谈话、观看动画的方式激发幼儿对年夜饭的兴趣，进而引导幼儿发现年夜饭中蕴含的美好寓意。其后，通过让幼儿说说自己家的年夜饭、设计一份健康年夜饭菜单、包饺子等一系列活动，进一步提升幼儿对传统节日的认知，增进幼儿对家人的热爱之情，锻炼幼儿的思维逻辑能力和动手操作能力。

二、活动目标

1. 知道吃年夜饭的意义，了解几种有代表性的年夜饭。
2. 能自己选择活动主题，制订、实现自己的计划。

活动重点：知道吃年夜饭的意义，了解几种有代表性的年夜饭。

活动难点：能自己选择活动主题，制订、实现自己的计划。

三、活动准备

1. 活动课件；

2. 各种蔬菜、肉类、海鲜等食物贴纸、年夜饭菜单；

3. 橡皮泥、盘子等材料若干；

4. 有关年夜饭的图片。

活动重点：感受年夜饭团圆、喜庆的氛围，了解有代表性的年夜饭。

活动难点：能够自主选择年夜饭主题，学会制订和实现计划。

四、活动过程

（一）谈话导入，激发幼儿对年夜饭的兴趣

伴随着音乐，教师带领幼儿悬挂过年饰品，之后请幼儿有序坐到自己的小椅子上，谈话活动开始。

谈话：小朋友们，你在过年的时候最喜欢做什么呢？

师：过年是快乐的，人们还很喜欢做一件事，看，这一家人在做什么？（出示吃年夜饭的图片）

师：你知道年夜饭是在什么时候吃的吗？能说一说具体的时间吗？

评析：年夜饭特指农历除夕晚餐，也是一年中最重要的一顿晚餐。通过谈话以及看图片，让幼儿了解年夜饭是除夕晚上一家人在一起吃的饭，代表团聚、美满。

谈话：年夜饭还有许多有趣的地方，看看外国小女孩眼中，中国的年夜饭是什么样子的吧！（播放外国友人对年夜饭的看法的相关动画视频）

提问：小女孩说中国年夜饭的场面怎么样？用一个词来说。（热闹/温馨/喜庆）

教师小结：年夜饭是一家人团圆的时候，最有家的味道，很多在外工作的人，无论离家多远，回家的道路多辛苦，都要赶回家和家人在一起吃年夜饭。

提问：吃年夜饭哪些地方很有趣呢？

教师小结：年夜饭很喜庆，寓意团圆和祝愿，年夜饭里的饭菜都藏着美好祝愿。

师：接下来让我们看看年夜饭上都会有哪些菜肴吧。

（二）展示关于年夜饭的图片，了解具有代表性的年夜饭

今天老师将自己家的年夜饭带来了，而且每一道菜都藏有美好的祝愿，有好听的名字，看一看！

第一道菜：（鸡）吉祥如意——取了"鸡"的谐音，寓意新年吉祥。

第二道菜：（四喜丸子）四喜是旧时人们为庆贺和祈求人生的四大喜事，而四喜丸子是经典的汉族传统名菜之一。

提问：你觉得现在的四喜丸子，有什么好寓意吗？

幼儿自由发言，讲讲寓意什么喜事。

师：丸子的形状是圆形的，也可以寓意家人团圆哦。

第三道菜：（炭烧虾）红红火火——虾的颜色红艳艳，像火一样，名字就叫红红火火，祝福家里的生活红红火火。

第四道菜：（蒸年糕）步步高升——取了"糕"的谐音，寓意事业步步高升。

第五道菜：（红烧鱼）

提问：谁来说说这道菜的寓意？

评析：幼儿对鱼非常喜爱，而红烧鱼也是他们爱吃的美食，此处让幼儿猜寓意，目的不在于看幼儿懂得多少，重在发挥幼儿心中天马行空的想法以及提高语言表达能力，并能大胆展示自己。

师：鱼是过年必吃的一道菜，寓意年年有余，家里有富余，不缺吃穿。

最后一道菜：（饺子）——这个是北方家家户户年夜饭必不可少的美食，它的形状有点像元宝，寓意招财进宝。

提问：小朋友们，你们家年夜饭会准备什么菜呢？

幼儿发言。

提问：年夜饭上有许多小朋友喜欢吃的菜，那你们知道自己的妈妈或爸爸喜欢吃什么菜吗？

评析：在丰富幼儿与年夜饭相关的知识的同时，适当进行情感迁移，引发他们关心家人的情感，毕竟年夜饭的主题是团聚和爱，进行情感迁移是充分利用现有资源对幼儿进行启发的体现。

（三）年夜饭我做主，制订年夜饭菜单

今天呢？我们自己来煮年夜饭，做一桌最美味、最健康的年夜饭，好吗？

1. 交流经验，选择年夜饭主题

师：要做年夜饭，先想好吃什么。其实，我们的国家地大物博，不同的地方有不同的特色食物，也就有不同的主题年夜饭。老师这里有几张主题年夜饭的图片，我们来看一看。

① 清真主题年夜饭（以羊肉、牛肉为主，不吃猪肉）

② 辣味主题年夜饭（以辣为主，几乎每一道菜都放有辣椒）

③ 海鲜主题年夜饭（以鱼、虾、螃蟹为主，十分美味）

④ 传统主题年夜饭（大都有鱼、丸子、排骨、猪蹄、豆腐、饺子等，菜肴十分丰富）

提问：你打算做什么样的年夜饭呢？

2. 个人设计、制作年夜饭菜单

老师为每一位小朋友准备了一张菜单纸，请选择自己喜欢的或是家人喜欢的菜，贴到我们的年夜饭菜单上。

3. 分享交流，讨论修订年夜饭菜单

你们的年夜饭菜单完成了吗？完成的小朋友将菜单放到展示板上，我们一起来看一下。

提问：谁来说一说，你为年夜饭准备了什么菜肴，直接报菜的名字就可以哦。

师：老师发现好多小朋友准备的年夜饭都是肉菜，荤素搭配才健康哦，你愿意加两道素菜吗？

（四）动手制作，分享"美味年夜饭"

小朋友们，你们自己设计的年夜饭真的很不错，但是我总感觉少了什么，你们发现了吗？

引导幼儿观察。

对，少了饺子。饺子是我们家乡年夜饭最传统、最受喜欢、老少皆宜

的美食，现在我这里有一些橡皮泥，我们来一起制作一盘饺子吧！

幼儿自主用橡皮泥捏饺子，教师巡回指导。

请2~3个幼儿上台分享一下制作饺子的感受，并说一些祝福的话。

教师小结： 年夜饭就是团圆饭，家人团聚在一起，吃着美味的饭菜，相互祝愿，庆祝新年，每个人都很幸福、开心。

（五）结束活动

活动结束后，幼儿帮助教师收拾现场。

五、活动反思

说到过年，每个幼儿都很兴奋，但对年夜饭这一习俗的认知却并不系统。因此，在导入环节中，我直接采取谈话的方式，让幼儿说一说过年喜欢做什么事情，根据幼儿的认知经验，自然而然地引出过年吃年夜饭这一活动。而在这之前，我请家长和幼儿收集有关年夜饭的故事、图片，丰富幼儿的知识经验。我在教学活动中努力创设过年情景，让幼儿置身更易于接受的学习氛围中。

幼儿阶段社会性学习的特点主要是模仿、同化、强化和体验。因此在组织活动时，不仅要注意避免简单说教，知识灌输，而且还要注重幼儿在活动中的体验，让幼儿在体验中实现社会性的发展。因此，根据教学活动目标我设置了两个操作体验环节：一个是自己设计年夜饭菜单，让幼儿自主选择喜欢的、健康的、有意义的饭菜组合，完成"我家年夜饭"的计划。在分享展示过程中，随时调整年夜饭，让幼儿明白年夜饭既要美味又要健康。另一个就是请幼儿准备制作年夜饭的必备食品——饺子，让幼儿制作一盘饺子，创意十足地将美好的祝福放到饺子中，进一步感受年夜饭的意义。但是这两个活动环节上有些重复，应该采用新思路、新形式，让幼儿在不同方式中感受年夜饭。此外，对幼儿的回应要及时，语言还需再精练，活动要求应更明确，不过多地重复幼儿的话语，以便形成更好的师幼互动氛围。

山东省莱州市平里店镇中心幼儿园　王雅君

换妈妈

领　　域：语言

适合年龄：中班

一、活动意图

童话通过优美的语言、生动的故事情节，为幼儿营造出美妙的世界。童话不仅能给幼儿带来欢乐，而且也是幼儿成长中不可缺少的滋补品。童话故事《换妈妈》讲述了小老鼠闯了祸，惹妈妈生气、被妈妈批评，在离家出走给自己换妈妈的过程中遇到了多位"新妈妈"。在与新妈妈的接触中，小老鼠了解到新妈妈身体的不同特征，但是她们的饮食习惯和小老鼠都不一样，所以这些妈妈都不能做小老鼠的新妈妈。当小老鼠遇到危险时，是老鼠妈妈第一时间冲出来救他，小老鼠终于感受到了妈妈对自己的爱。本次活动的设计，让幼儿通过童话故事，感受小老鼠的心路历程，在"换妈妈——寻找妈妈——发现妈妈"的过程中理解妈妈对自己无私的爱，从而产生情感的共鸣，感受母爱的伟大。

二、活动目标

1. 仔细观察图片，理解画面内容，感受小老鼠的心情变化。
2. 学说故事中的重复句式，结合生活经验大胆讲述对故事内涵的理解。
3. 感受母爱的伟大，对妈妈产生深切的爱。

活动重点：理解画面内容，学说故事中的重复句式。

活动难点：结合生活经验，大胆讲述对故事内涵的理解，感受母爱的伟大。

三、活动准备

课件PPT、童话故事书《换妈妈》及图片。

四、活动过程

（一）活动导入，激起兴趣

1. 你们爱自己的妈妈吗？

2. 每个小朋友都爱自己的妈妈，可是有一只小老鼠，它却想换个妈妈，你知道为什么吗？让我们一起来看一看到底是怎么回事。

评析：每个人都爱自己的妈妈，但是，在此环节中教师直截了当地突出故事主题，告诉幼儿们有一只小老鼠想要"换妈妈"，因此激起了他们想了解其中缘由的欲望，调动幼儿参与活动的兴趣和积极性，为接下去开展的环节做好铺垫。

（二）教师讲述故事第一段，引出"换妈妈"的原因

1. 有一天，小老鼠惹妈妈生气了，妈妈大声地对他说："我真拿你没办法！"

（1）看图讲述：小老鼠做了什么事惹妈妈生气了？

（2）妈妈批评他的时候，表情和动作是怎样的？小老鼠觉得他的妈妈是个怎样的妈妈？

（3）小老鼠接受妈妈的批评了吗？

2. 小老鼠不接受妈妈的批评，于是，拉着他的小行李箱出门了，他要去换妈妈。

（1）小老鼠出门的时候，他的眼睛在看谁？他的心里在想些什么？心情怎样？

（2）此时妈妈在做什么？她有没有挽留小老鼠？

评析：由于上一环节的铺垫，在此环节中幼儿观察得非常仔细，他们一眼就看出来小老鼠是因为打碎了妈妈的花瓶而受到妈妈的批评。在学习他们的表情、动作的时候，幼儿们模仿得惟妙惟肖，身临其境地体会到当时老鼠妈妈和小老鼠的心情。

（三）教师逐页讲述故事，引出小老鼠"寻找妈妈"的过程

1. 小老鼠遇到了刺猬妈妈

（1）小老鼠是怎么对刺猬妈妈说的？我们一起来学一学。

（2）被刺猬妈妈抱住，小老鼠的感觉怎样？

（3）刺猬妈妈可以做小老鼠的妈妈吗？为什么？

评析：此环节引入刺猬妈妈，幼儿们对刺猬的外形特征十分了解，他们一下子就说出了"刺猬妈妈有一点扎，这个扎扎的妈妈不能做小老鼠的妈妈"。

2. 小老鼠遇到了河马妈妈

（1）小老鼠怎么说的？

（2）大家一起来说一说：我想换个妈妈，你做我的妈妈，好吗？

（3）小老鼠爬呀爬呀，他爬到河马妈妈的怀里了吗？为什么？

（4）小老鼠会认河马做自己的妈妈吗？

评析：河马妈妈的特征是很大、很滑，也不能做小老鼠的妈妈。

3. 小老鼠又遇到了谁（鳄鱼妈妈）

（1）小老鼠会怎么说？

（2）请个别幼儿试着说一说：我想换个妈妈，你做我的妈妈，好吗？

（3）鳄鱼妈妈让小老鼠到她的嘴里来，小老鼠去了吗？他为什么不去？他脸上的表情是什么样子的？

（4）鳄鱼妈妈说："我的孩子都是在我的嘴里长大的，我就是这样看护我的孩子的。"鳄鱼妈妈解释后，小老鼠会认鳄鱼做自己的妈妈吗？为什么？

评析：此环节出示的是鳄鱼妈妈图片，在观察画面的时候，幼儿们从鳄鱼尖尖的牙齿、小老鼠怕怕的样子上得出"鳄鱼妈妈是个可怕的家伙"的结论。幼儿们也知道了鳄鱼妈妈的哺育方式，都认为鳄鱼妈妈不能做小老鼠的妈妈。

4. 小老鼠遇到了兔妈妈

（1）请幼儿猜一猜这时小老鼠怎么说的？

（2）猜想、讨论：兔妈妈会成为小老鼠的妈妈吗？为什么？

（3）猜想：兔妈妈抱着小老鼠，轻轻地拍着，这时小老鼠感觉怎样？他觉得兔妈妈可以做自己的妈妈吗？

评析： 当遭遇了上面三个环节的挫折之后，小老鼠遇到了毛绒绒的兔妈妈，她没有像刺猬妈妈那样尖尖的刺，也不像河马妈妈那样又高又滑，更不像鳄鱼妈妈那样令人害怕，兔妈妈的怀抱很温暖，她对小老鼠也很亲切，很多幼儿认为兔妈妈可以做小老鼠的新妈妈。

5. 剧情大反转：到了晚上，该吃晚餐啦

（1）兔妈妈给小宝贝们吃的是什么？

（2）小老鼠喜欢吃吗？他的表情是怎样的？

（3）此时小老鼠还觉得兔妈妈可以做自己的妈妈吗？

评析： 小老鼠不喜欢吃胡萝卜，兔妈妈和小老鼠的饮食习惯不一样，兔妈妈也不能做小老鼠的新妈妈。

（四）教师讲述小老鼠发生危险那部分，重点强调小老鼠"发现妈妈"时的心情

小老鼠没有找到合适的妈妈，他跑出门来，跑呀跑呀。

（1）突然，发生什么事了？

（2）这时，小老鼠会怎样做？

（3）他的妈妈在哪里？她会怎样做？

（4）最后，小老鼠还想换妈妈吗？他觉得谁是最好的妈妈？

评析： 此环节中小老鼠遇到了危险，躲在大树背后的老鼠妈妈救了小老鼠，老鼠妈妈把小老鼠抱在怀中的画面，让幼儿们感动不已。

（五）完整讲述故事，教师帮助幼儿提炼故事内涵

1. 告诉幼儿我们今天听的这个故事的题目是《换妈妈》。

2. 教师按照图片提示，和幼儿共同尝试完整讲述故事情节。

师：小老鼠和妈妈耍小脾气，离家出走想要换一个妈妈，在整个过程中，小老鼠遇到了哪些妈妈，发生了哪些事情，让我们看着图片来讲一讲这个故事吧！

3. 帮助幼儿提炼故事内涵。

小老鼠离开家的那些时间，他的妈妈真的不管他了吗？老鼠妈妈是怎么做的？

小结：原来，当小老鼠离开家的时候，老鼠妈妈一直紧紧跟着小老鼠，在最隐秘的地方注视着他，没让小老鼠发现。当小老鼠发生危险时，妈妈第一时间冲出来救小老鼠。最后，小老鼠终于体会到了自己的妈妈是最好的妈妈。

评析：在这一环节中，教师帮助幼儿仔细观察每幅图片的角角落落，让幼儿寻找妈妈的踪迹，培养幼儿的观察能力，并在递进的故事结构中，感受小老鼠的心情，体会妈妈无私的母爱。

（六）结合实际，情感升华

1. 幼儿结合生活经验进行交流：今天小老鼠惹妈妈生气、被妈妈批评了，想要离家出走换一个妈妈。在生活中，你的妈妈有没有这样大声地批评过你？你当时的心情怎样？又是怎么做的？

2. 你觉得妈妈爱你吗？那她为什么要大声地批评你呢？

评析：此环节回归幼儿的实际生活，引导幼儿联系自己的亲身经历，通过质朴的语言，大胆讲述自己的所思、所感、所做、所为，从而感受到母爱的伟大，并产生情感的共鸣。

五、活动反思

1. 活动环节紧扣目标、层层递进

《换妈妈》这个故事情节充满悬念，循序渐进，以故事的形式很容易调动幼儿参与活动的兴趣和积极性。在整个活动过程中，幼儿始终处于放松、愉快的环境之中，在递进的结构、简单重复的情节中，感受到了小老鼠的心情，慢慢体会到了妈妈无私的爱。幼儿在活动中兴趣高涨，积极主动学习，真正体现了幼儿的主体性。另外，活动中开放式的提问，为幼儿提供了良好的语言环境，充分调动了幼儿参与活动的主动性、积极性。

2. 联系实际，情感得到升华

现在的小朋友在家里一个个都是"小皇帝""小公主"，爱耍小脾气，非常任性。在成长过程中，孩子往往会犯错受到妈妈的批评，进而萌发换妈妈的想法。本次活动旨在引导幼儿正视自己犯的错误，并理解妈妈，使情感得到升华。

江苏省常熟市徐市幼儿园　谢丽亚

金色的树林

领　　域：艺术

适合年龄：中班

一、设计意图

在主题活动"多彩的秋天"中，幼儿们与爸爸妈妈一起走进秋天的树林，发现秋天是个绚丽的季节，树叶变黄了、变红了、变橙了，五彩斑斓，美丽极了，他们被这些美丽的景色吸引着。我在与幼儿们一起讨论秋天树林的美景时，幼儿们争先恐后地畅所欲言，表达自己在树林里的发现，而且情不自禁地用自己的身体动作表现各种树的形态和造型。在此基础上，我设计了本次活动，通过欣赏秋天的树林，让幼儿在充分感受和表达的基础上，运用撕纸的方式创造性地表现树林的美景，体验撕纸活动的乐趣。

二、活动目标

1. 欣赏秋天的树林，感受树林优美的造型、树枝交错以及树叶飘落的景象。

2. 能撕出粗细、长短不同的树干和树枝以及片状的树叶，并能创造性地粘贴、组合成树林。

3. 积极参与活动，体验撕贴的乐趣。

活动重点：能撕出粗细、长短不同的树干和树枝以及片状的树叶。

活动难点：创造性地粘贴、组合成树林。

三、活动准备

1. 经验准备：幼儿对秋天的特征已有初步的认识。

2. 物质准备：PPT金色的树林图片；黑色、三种黄色撕贴用纸；红色背景底纸；胶棒、毛巾、碟子、篓子等。

四、活动过程

（一）欣赏PPT图片，引导幼儿感受秋天树林的景象

1. 逐幅欣赏秋天树林里特别的树

导入语：小朋友，今天老师带你们走进秋天的树林。

● 欣赏图1，重点引导幼儿感受树干是直直的，树枝是细细长长的，树叶变黄了，金灿灿的一片。

师：瞧，在这片树林里，你觉得哪棵树最特别？它的树干是什么样的？树枝呢？你能用身体动作来学一学这棵树吗？这棵树的树叶是什么颜色的？

● 欣赏图2，重点引导幼儿感受树干和树枝的弯弯扭扭以及树叶飘落的景象。

师：我们再来看看这片树林，你最喜欢哪棵树？它有什么特别的地方？这棵树的树干是什么样子的？（弯弯扭扭的）你能学一学它弯弯扭扭的样子吗？

追问：它的树枝在哪里呢？（幼儿表演，伸出小手做小树枝并在位置上扭一扭）呀，真好玩，像在干什么？（跳舞）这棵树真有意思。这棵树的树叶到哪里去了？风一吹，树叶就从树上怎么样？（飘落下来）

● 欣赏图3，重点引导幼儿感受树干的倾斜、树枝的弯扭造型。

师：咦，这棵树怎么了？

师：树干斜着，像弯下腰一样。树枝弯弯扭扭，从这里分叉形成圆圈状，有的树枝向上延伸，有的向下都快碰到地面了。能弯成这样也不倒下，看来这棵树很厉害哦！请你来学一学这棵树。

评析：秋天的树林真漂亮，有的树是粗粗的，有的是细细的，有的树是

高高的，有的是矮矮的，有的是直直的，有的是弯弯扭扭的。树叶呢，变红了，变黄了，秋风一吹，树叶飘落下来，金灿灿铺了一地。通过观察图片，勾起幼儿的已有经验，在谈话与观察图片中，提升幼儿的语言表达能力与观察力。

2. 尝试用身体动作合作表现一片树林

师：欣赏了这么多美丽的树，我们来变出一片美丽的小树林吧。现在请你们用自己的身体动作来表现一棵最特别的树。（幼儿变成小树林）

（二）师幼共同探索用撕纸的方法表现秋天的树林

1. 出示撕贴用纸，启发幼儿探索撕的方法

师：刚才我们用身体变出了一片树林。下面我们再用彩纸变出一片美丽的树林。老师准备了红色的纸作底板，篮子里还有……（黑色）和不同的……（黄色纸），用这些纸怎样才能变出一片树林呢？用什么样的方法？（撕的方法）

2. 请个别幼儿尝试撕出树干、树枝和树叶，并粘贴在底板上

师：如果让你撕一棵树，你会先撕树的什么地方？（先用黑色的纸撕树干和树枝）黄色的纸呢？（撕树叶）

下面我请两位小朋友来试一试，看谁撕得快！看看他们撕的树干有什么不一样。

师：如果我要让树干变得长长的，应该怎么办？（拿一张黑色纸演示，横着撕和竖着撕）树干撕好了接下来还要撕什么呢？（树枝要比树干细一点）树枝可以长在哪里？我们的树干和树枝撕好了，叶子怎么办呢？（小方片）秋风一吹，叶子从树上飘落下来。

（三）幼儿撕贴创作，教师巡回指导

1. 讲解操作要求

师：现在，你们想不想把你最喜欢的树撕出来呢？你想变出什么样的树，脑子里可要想好啦。是一棵粗粗大大的树还是细细小小的树，是直直的树还是弯弯扭扭的树？它的树枝在哪里？（左边？右边？还是上面和下面呢）树叶呢？一片？两片？三四片？还是许多片？风一吹，树叶还会飘

落，飘在天空，落在地上，铺满整个草地。等会儿我们可以去试一试哦，看看谁撕的树林最漂亮。好了，现在你们可以开始啦。

2. 教师巡回指导

① 鼓励幼儿大胆撕出粗细、长短不同的树干和树枝以及片状的树叶，并能创造性地粘贴、组合成树林。

② 大胆展现秋天树林优美造型、树枝交错以及树叶飘落的景象。

（四）展示欣赏与评价

1. 幼儿自由欣赏与评价

师：把你们的小树林送上来吧，也可以欣赏一下其他小朋友的树林哦。

2. 集体欣赏与评价

师：谁来介绍一下你的小树林？你的这片小树林有什么好听的故事？

结束语：一片片小树林连在一起，变成了一片大树林，真是美丽极了。每一片树林都有故事，等会儿我们回去慢慢讲给大家听哦。

评析：在活动中，幼儿通过看看、说说、学学、做做等方式，萌发了对秋天树林美的感受和体验，丰富了其想象力和创造力，并用撕贴的方式去表现和创造美丽的树林。活动时幼儿的主动性和积极性比较高，课堂气氛很活跃，幼儿在这种轻松愉快的氛围中获得了体验。

（五）活动延伸

1. 向同伴和爸爸妈妈介绍自己的小树林。

2. 在美工区提供各色彩纸，鼓励幼儿大胆创作。

五、活动反思

爱因斯坦说过，对一切来说，只有兴趣才是最好的老师，它远远超过责任感。所以，兴趣是幼儿快乐学习的种子，有了兴趣幼儿才会"乐"学。活动一开始，我通过营造情境氛围（走进秋天的树林），带领幼儿欣赏秋天树林的美景，感受树林优美造型、树枝交错以及树叶飘落的景象，充分挖掘大自然教育的元素，激发幼儿主动探究和积极学习的欲望。幼儿活泼好动，乐于自我表现，遵循这一特点，在活动过程中我将欣赏与表演相结合，引导幼儿用自己的身体动作表现树林中特别的树，充分调动幼儿多感官的参与，让幼儿愉快地投入活动中，不仅激发了幼儿的主动参与的意识，还提高了幼儿的自我表现能力。后面再通过看一看、说一说、学一学、做一做的方式激发幼儿深入探究的欲望，继而进行讨论——刚才我们用身体变出了一片树林，那么用这些彩纸，怎样才能变出一片树林呢？引导幼儿充分表达自己的想法，激发幼儿撕贴的兴趣。

撕贴是美术教学活动中的一种特殊形式，它不是单一的技能技巧练习，而是培养创造、创新意识的一种有效途径。在本次活动过程中，我充分创造条件和机会，引领幼儿欣赏秋天树林的美景，引导幼儿思考对秋天树林美景的感受和体验，给予幼儿充分表达和表现的机会，丰富了幼儿的想象力和创造力，从而适时引领幼儿运用撕贴的方式去表现和创造美丽的树林。在探索撕贴的过程中，通过对两个幼儿撕出的树干进行观察、比较和分析，加深了幼儿的理解和认知，激发了幼儿的创作灵感，从而使幼儿能够兴致勃勃地投入活动中，为操作过程中的创意撕贴做好了准备。

幼儿的作品在成人眼里也许会存在许多不合理，但在幼儿的世界里，这些不合理都能找到完美的答案。活动的最后，我将所有幼儿的作品展示出来，通过自由欣赏和集体欣赏的方式，鼓励幼儿大胆地介绍自己的小树林或讲一讲树林里好听的故事。幼儿们畅所欲言，大胆、自信地向大家介绍自己的作品，增强了幼儿的表达能力。而我们也需要站在幼儿的角度去欣赏，对其作品给予充分的肯定与赞扬，并鼓励幼儿呈现更多的创意，体验成功的喜悦。

江苏省南通市通州区实验幼儿园　邢娟

中班

有趣的图形游戏

领　　域：科学

适合年龄：中班

一、设计意图

中班幼儿对图形已经有了初步的认知，为了加深幼儿对平面图形的进一步认识，帮助幼儿理解图形之间的关系，促进思维灵活性的发展。我把图形融合在幼儿日常生活中，设计幼儿喜欢的机器人、各种小动物，创设了情景、闯关、猜谜等游戏，让幼儿在想象中、动手操作中以及创作中，完成各种趣味游戏。让他们在玩中学、动中悟、思中探，在轻松的气氛中学习知识，使幼儿从中发现生活中数学的趣味，感受生活的美好。

二、活动目的

1. 通过趣味游戏教学，使幼儿初步掌握几何图形的概念。
2. 能够利用不同的图形进行各种创意、设计。
3. 培养幼儿的观察、理解和思考能力及口语表达能力。

活动重点：通过趣味游戏教学，使幼儿初步掌握几何图形的概念。

活动难点：能够利用不同的图形进行各种创意、设计。

三、活动准备

1. 六种几何图形的卡片（三角形、圆形、正方形、椭圆形、梯形、长方形）及六种几何图形的房子。
2. 每座房子的门上分别贴有图片：桃、萝卜、骨头、小虫、鱼、草。

3. 六种小动物图片（兔、猴、狗、鸡、鸭、羊）及六种小动物的头饰若干。

4. 写有智力题的图片六张、录音机一台。

四、活动过程

（一）开始部分

师：圣诞节到了，圣诞老人送给小朋友每人一套七巧板，放在宝物袋里。

1. 它有四条边、四个角，四条边一样长，四个角一样大，这个图形的名字叫什么？请摸出来。

2. 它有四条边、四个角，对边一样长，四个角一样大，这个图形叫什么？请摸出来。

3. 它有三条边、三个角，这个图形叫什么？请摸出来。

4. 这里还有几种图形，请小朋友告诉老师它们的名称（梯形、圆形、椭圆形），也请从宝物袋中摸出来。

5. 谁能给图形排队，根据老师的要求把这六种图形有规律地排列下来。

（二）基本部分

1. 认识小动物的家

出示六种图形的房子，引导幼儿观察。

师：冬天到了，森林里的小动物盖好房子搬到新家了，瞧！它们搬进了这些奇怪的房子里。

（1）这些都是什么图形组成的房子呢？

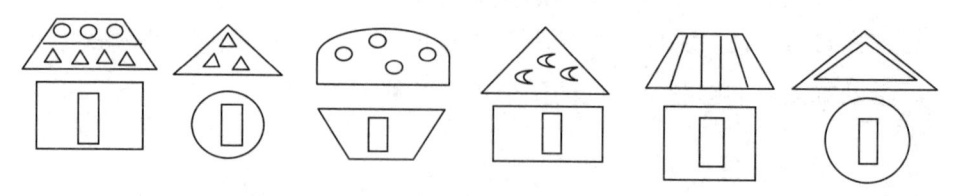

（2）教师为每座房子的门上分别贴上桃、萝卜、骨头、小虫、鱼、草的图片。

（3）每座房子门上的图片都是住在里面的小动物最爱吃的食物，请幼儿猜一猜每座房子里住着什么小动物。（幼儿猜完后，打开门与住在房子里的小动物对照，看看猜得是否正确。如果正确，请大家为幼儿鼓掌）

2.到动物园去游戏

师：小动物在漂亮的房子里生活得非常快乐，今天小动物们想到动物园去做游戏。谁帮我解对一道难题，我就请谁送一种小动物去游戏。

智力题如下：

①牛有一个超级玩具，它是由几种图形组成的，每种图形各有多少个？

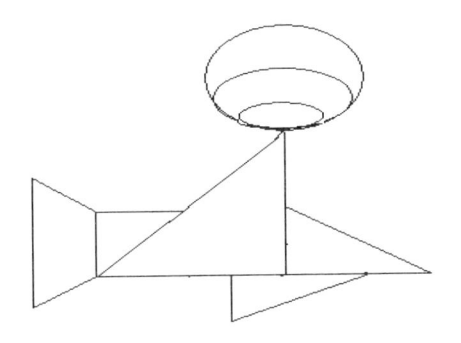

②你能说出这个动感机器人是由哪些图形组成的吗？每种图形有几个？

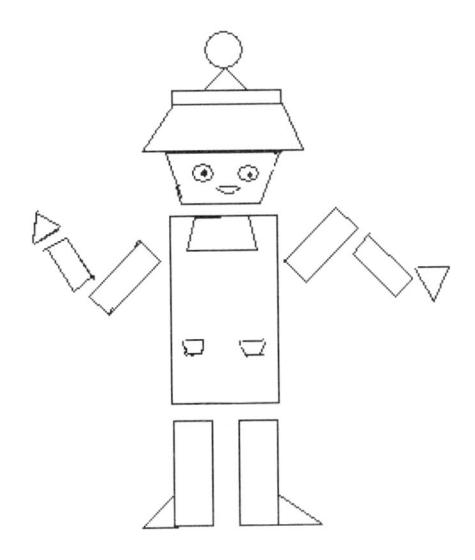

③请在下面图中有"？"的矩形上填上适当的图形。

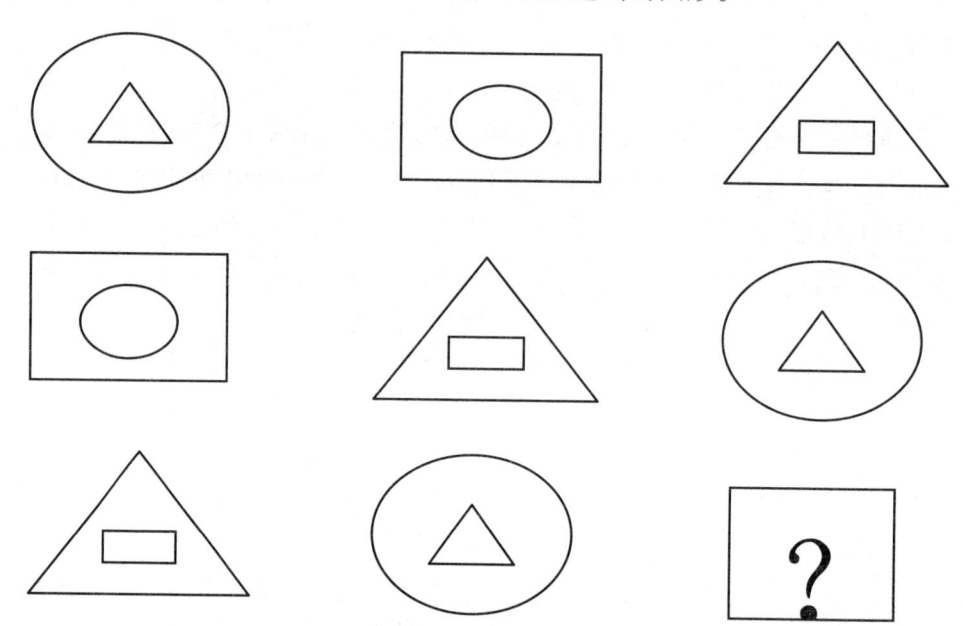

④小卡片找妈妈(连线)，看看哪种图形与长方形框里的图形相似，请连线。

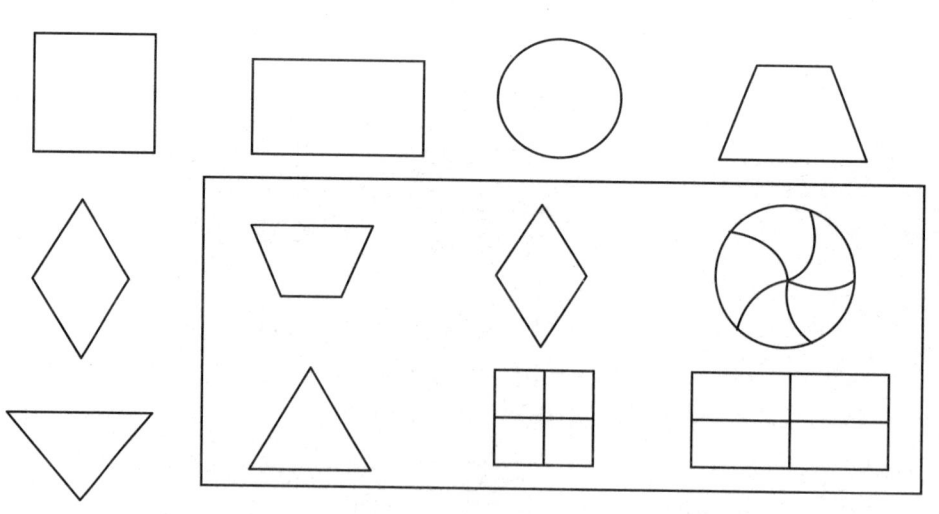

⑤请画出另一半。

小猫的图卡被分成相同的两半，可有一半丢失了，请你帮它补画上吧。

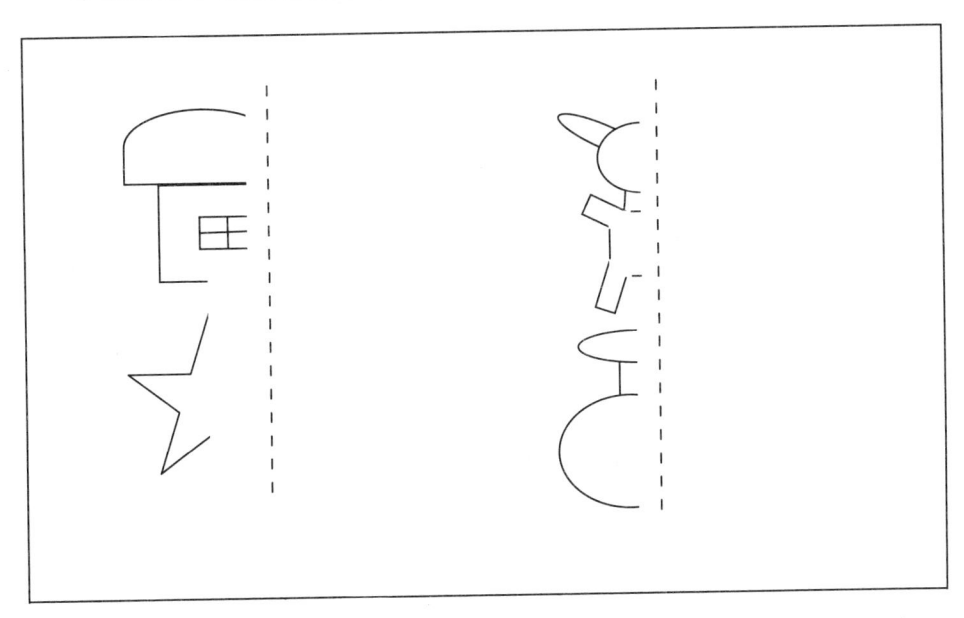

⑥看一看、拼一拼，小狗用左边的两个图合并起来是右面的哪个图？

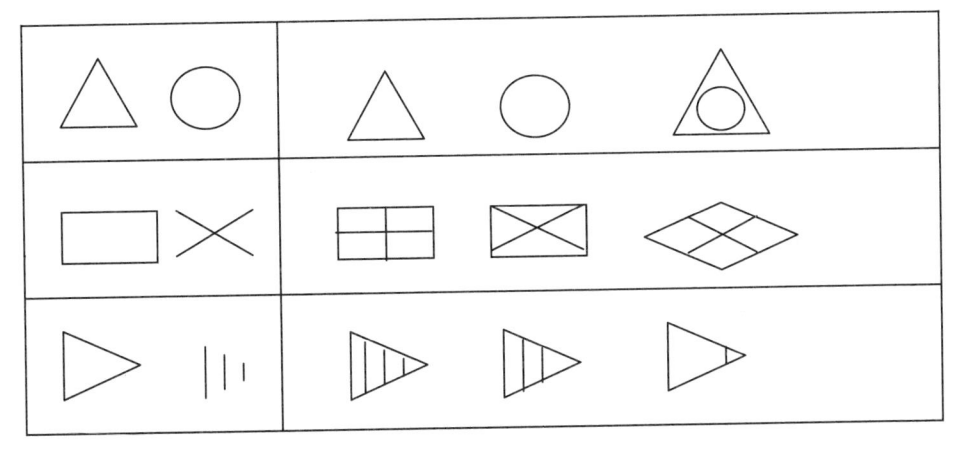

3.送小动物回家

师：小动物在小朋友的帮助下，玩得非常开心，他们都玩累了。现在哪位小朋友愿意把它们送回家呢？

4. 我是小小设计师

图形排队，请幼儿发挥想象力，拼出有创意的图案，并请幼儿讲述自己的作品。

（三）结束部分

1. 幼儿戴上小动物的头饰为小动物们跳舞。
2. 听音乐，幼儿做与自己头饰相符的动作走出活动室。

五、活动反思

计算活动对于幼儿来说比较枯燥，本次活动我以游戏的形式进行，激发幼儿对计算活动的兴趣。活动通过趣味游戏，使幼儿初步掌握几何图形的概念。正如《幼儿园教育指导纲要（试行）》提出的，让幼儿能从生活和游戏中感受事物的数量关系并体验到数学的重要和有趣。分组活动中重点强调幼儿数形结合拼图的创新活动，教师提供丰富多彩、富于变化又适应个体差异需要的教育环境，让幼儿在自由、平等、愉快的气氛中活动，建立幼儿的自信心，培养幼儿的观察力、理解力和思维能力，以及口语表达能力。

黑龙江省虎林市八五六农场幼儿园　杨红梅

合作换画

领　　域：艺术

适合年龄：中班

一、设计意图

中班幼儿对合作的学习方式有了一定的了解和兴趣，但自我意识比较强烈，在合作游戏中，往往希望自己甚至别人都能按照自己的意愿去进行活动，而不习惯接受别人的观点及意见，在合作游戏中矛盾频出。本次活动特别邀请家长参与，通过亲子互动形式，让幼儿愿意接纳别人的作品及意见，发现别人作品的可取之处，并能在此基础上加入自己的创意，让作品表现得更加完美。懂得欣赏对方的优点，从内心真正地悦纳别人，促进同伴间合作的有效性。

二、活动目标

1. 运用绘画的形式表现汽车外部特征，能大胆设想独特的汽车形象。

2. 尝试在美术活动中与同伴合作绘画、接纳同伴的作品，并在同伴作品的基础上大胆想象进行添画，感受换画的乐趣。

3. 增进亲子间的情感，让爸爸妈妈发现幼儿们的合作现状，引导幼儿接受游戏规则。

活动重点： 尝试在美术活动中与同伴合作绘画、接纳同伴的作品。

活动难点： 在同伴作品的基础上大胆想象并进行添画。

三、活动准备

1. 经验准备：在日常活动中引导幼儿观察汽车的外部特征。
2. 材料准备：八开画纸、勾线笔、蜡笔、彩色水笔以及《怪汽车》的绘本。

四、活动过程

（一）绘本引入：《怪汽车》

欣赏绘本，大胆用语言表达自己的所见。

——问：你们见过这样的汽车吗？

幼1：没有！世界上根本没有怪汽车！

幼2：有！在动画片里会有那样的汽车！

（通过对PPT的观察，幼儿大胆结合自己的生活经验表述自己的观点）

——问：喜欢这样的汽车吗？为什么？

幼1：喜欢！我最喜欢胡萝卜车！因为我是小白兔！

幼2：我喜欢西瓜车！因为我最喜欢吃西瓜！

（幼儿踊跃举手回答，积极说明原因）

（二）回忆汽车的基本特征，大胆想象"怪"汽车的样子

1. 根据经验讲述汽车的特征

师：你见过的小汽车有哪些部分？

幼：车轮、车身、方向盘、镜子……

（幼儿快速回忆生活中看到的汽车的样子，并大声回答）

问：它可以行驶在哪些地方？

幼1：我妈妈的车可以行驶在公路上！

幼2：我爸爸的车还可以行驶在高速路上！

幼3：停车场里也可以！

（幼儿回想平时爸爸妈妈的车行驶过的地方，并回答）

2. 幼儿大胆发挥想象，创想"怪"汽车"怪"在哪里

师：如果是你，你想设计一辆什么样的汽车？

（幼儿大胆发挥想象）

师：你的汽车"怪"在哪里？有什么与众不同的地方？

幼1：我要设计一辆恐龙汽车，我最喜欢梁龙，长长的脖子里可以有很多层座位！

幼2：我要设计一辆香蕉汽车……

幼3：香蕉汽车不特别！

幼2补充：我的香蕉汽车是闪电形状的！还会闪光！

幼3：我要设计一辆花朵汽车，它的全身是五颜六色的，这样它就可以像变色龙一样隐身！

幼4：我要设计一辆小鸟汽车，在堵车的时候，它就可以飞起来了。

（幼儿根据自己的生活经验，从汽车的形状、颜色以及行驶的地方，争先恐后地表达自己设计的汽车。幼儿在交流中既增长了见识，又提高了语言表达能力）

（三）合作换画：汽车换一换

1. 提出规则

（1）师：一会儿大家可以自由选择位置坐下来，每张桌子可以坐三个家庭，入坐的顺序为：一名小朋友一名家长。如果你发现这一组已经有三个家庭了，应该怎么办？

幼儿：换一组！

（结合平时活动区活动要求，幼儿们自主把经验迁移到本次活动中）

（2）师：每1~2分钟，老师会吹响口哨，这是交换作品的信号，请把你的作品快速地向你的右边传递。共同完成作品时间为15分钟，请抓紧时间观察作品并大胆在作品上进行创作。

（3）师：为了让别人有发挥想象的空间，每次作画，只能完成某一部分。该部分完成后才能继续下一部分。当作品传递给别人时，不能强制要求别人按照自己的意图作画。

2. 幼儿与家长作画，教师巡回指导

（1）引导幼儿观察别人的画面，思考可以怎样添画。

师：你手中的画已经有了哪些部位？

幼1：五角星形的车轮！

幼2：南瓜车厢！

（引导幼儿观察自己手中的画后，根据自己对画作的理解作答）

师：你还可以在画上画哪些部位？

幼1：还可以给南瓜车厢画上万圣节的鬼脸图案！

幼2：我要给小鸟汽车画翅膀！

（2）重点观察幼儿是否能在同伴作品的基础上进行大胆添画，对不愿分享、接纳同伴作品的幼儿给予更多的帮助。

（四）展示评价

（1）展示个别作品，请幼儿猜一猜作品中画的是什么汽车？说说是怎样猜出来的。

师：这幅画是一辆什么汽车？你从哪里看出来的？

幼1：这是飞起来的闪电汽车！因为它的身上有像闪电一样的符号！

幼2：这是一辆花朵汽车，因为它车厢的形状像一朵花！

幼3：这是南瓜汽车，因为它是圆圆的，而且还是橙色的，跟南瓜一样的颜色！

（2）每组推选一名幼儿介绍自己的画作。

——问：这是一辆什么车？请简单介绍一下。

——问：哪些地方是你（别人）画的？你是怎样添画的？你为什么要这样画？

幼1：我画的是恐龙脖子上面的车厢，丫丫画的是车轮！

幼2：南瓜是我画的，其他的是别人画的。

——问：看到大家一起完成的作品，你有什么感受？

幼1：很开心！

幼2：很漂亮！

（幼儿积极地在脑海里搜索着词语来形容自己的心情）

家长A：看到孩子们的创意，我真的很震惊，比我当时看了绘本时的想法多很多！我想的就是一些蔬菜汽车、水果汽车等，孩子们却有这么多奇妙的想法。

家长 B：看到孩子们拿过别人的画时，并没有对自己的画表示舍不得，而是认真观察可以在别人的画上面如何添画，这是我没想到的。因为丫丫平时在家里懂得与大家分享，但唯独在画画上从来不准别人碰，甚至不接受别人提出的意见。今天活动开始之前我还一直担心她，一直想着要怎样才能给她做思想工作，让她接受别人在自己的作品上添画。看到今天的活动如此顺利，才知道这些合作的方式在幼儿园里都已经成为习惯了，真的很感谢这样的活动，我觉得要多开展这样的活动。

（3）教师针对幼儿作品中表现突出的地方给予评价，发现幼儿作品中的美、创造的美，提升全体幼儿的绘画水平：从幼儿的创意、生动形象上着手添画……

师：今天大家都尝试着在别人的画上发现闪光点，从而进一步加入自己的创意，把它变成更好的作品。老师今天很开心，因为你们懂得了接受别人！懂得了欣赏别人！在大家的共同努力下，一幅幅精彩、生动、充满无限创意的画作呈现在我们眼前，你们都是最棒的！

五、活动反思

幼儿的思维非常活跃，创意无限，能针对汽车的外形结构、特殊功能等进行大胆想象，并能完整表述。活动中，幼儿积极主动，热情高涨，想象力和语言表达能力得到了充分锻炼。而家长在活动过程中，体验亲子游戏快乐的同时，能发现幼儿在群体中的合作水平有所提高，对活动评价很高，很好地促进了家园合作关系。在以后的活动中，我们可以多做一些绘画技巧的练习，增加作品的表现形式，或更多地欣赏一些优秀的美术作品，让幼儿从中获得灵感来丰富他们的作品表现力。

重庆市新桥医院幼儿园　杨琴琴

微 笑

领　　域：语言

适合年龄：中班

一、设计意图

微笑使人快乐，使人健康，中班幼儿喜欢与同伴交往，他们对情绪有了初步感知，语言表达能力与小班相比有了明显提升，能够用简短语言进行表达，而朗朗上口的儿歌符合幼儿年龄特点。但中班幼儿理解能力还很浅，注意力往往受兴趣的影响和支配，所以需要教师利用各种教学手段，恰当、巧妙地引导幼儿理解儿歌内容，学习朗读儿歌，从中感受对微笑的美好体验。

二、活动目标

1. 理解儿歌内容，学习有感情地朗读儿歌。

2. 知道微笑是尊重别人的一种表现，体验微笑可以给他人带来好心情，同时自己也能够得到快乐。

活动重点：知道微笑是尊重别人的一种表现，体验微笑可以给他人带来好心情，同时自己也能够得到快乐。

活动难点：理解儿歌内容，学习有感情地朗读儿歌。

三、活动准备

1. 知识经验准备：幼儿有过哭和笑的不同情绪体验；

2. 物质准备：教学挂图；

3. 教师自备：关于"哭"和"笑"的音频。

四、活动过程

此次活动主要分三个环节来进行教学：激发学习兴趣导入→朗读儿歌→游戏体验。

（一）倾听音频，激发幼儿学习兴趣

幼儿倾听"哭"和"笑"的音频。

师：你们刚才听到了什么？你们喜欢哪一个？谁能根据这两个声音做出相应的表情。

教师小结：我们喜欢的是微笑的声音，笑能给我们带来快乐的情绪，使我们拥有好心情。

评析：这个环节通过让幼儿倾听音频，调动幼儿的多感官参与，感受笑和哭的不同情绪体验，并模仿笑和哭的表情，激发幼儿活动兴趣。

（二）理解并朗读儿歌

师：老师为你们带来了一幅关于微笑的画，让我们看看上面都是谁在微笑呢？

教师出示教学挂图，引导幼儿观察。

师：画上都有谁？他们在做什么呢？小鸟在做什么？太阳公公的表情是什么样的？吹笛子的是谁？她在给谁吹笛子？花朵为什么笑得那么开心？小朋友在做什么？猜一猜他对老师说了什么让老师笑得那么开心？

教师为幼儿完整地朗读儿歌。

理解儿歌内容，学习儿歌。

教师讲解儿歌内容。

① **师**：小鸟为太阳唱歌，太阳公公听了美妙的歌声是怎么做的？

教师引导幼儿说出"太阳微微笑"。

② **师**：虫儿在做什么呢？月亮喜欢听吗？听完虫儿的演奏月亮是怎么做的？

教师引导幼儿说出"虫儿为月亮吹笛，月亮微微笑"。

③师：蝴蝶在做什么？花儿看了蝴蝶的舞蹈开心吗？

教师引导幼儿说出"蝴蝶为花儿跳舞，花儿微微笑"。

④师：早上，小朋友见了老师要说什么？老师脸上的表情是什么样的？

教师引导幼儿说出"小朋友对老师说'老师早'，老师微微笑"。

教师和幼儿一起朗读儿歌。

① 教师带幼儿一起有感情地朗读儿歌，教师大声读，幼儿小声读。

② 幼儿看书朗读儿歌，在朗读的过程中，教师要注意引导幼儿表现出儿歌表达的感情。

（三）游戏：表情歌

师：图画中都有谁在微笑呢？你想对谁微笑？

鼓励幼儿大胆表达自己的想法，做一做微笑的表情包，感受微笑的美好情绪。

师：现在我们一起随着《表情歌》的音乐做出不同的表情吧。

教师小结：微笑能使我们快乐，带来美好的情绪，我们要学会对同伴、老师、家长以及生活中遇到的人微笑。

评析：这个环节是整个活动的情感提升，帮助幼儿保持微笑的快乐情绪。在这个环节中，引导幼儿保持微笑，模仿不同的微笑表情，能够使幼儿亲身体验微笑的魅力。

（四）活动延伸

教师可以给幼儿们拍照，做出最美的微笑表情，并讲讲自己可以为其他人做哪些事情让别人微笑。

五、活动反思

《幼儿园教育指导纲要（试行）》指出，教师应成为学习活动的支持者、引导者、合作者。活动中教师要心中有目标，眼里有幼儿，时时有教育，以互动的、开放的理念，让幼儿真正成为学习活动的主体。因此，在本活动中我主要采用了启发提问法、观察发现法、引导发现法等几种教法，使幼儿理解儿歌内容，学习朗读儿歌，在与老师互动中通过观察、自主探索

中班

等学法使幼儿获得认知能力。

　　活动开始时的目标设置是活动设计的重要环节，它既是活动设计的起点，又是活动设计的终点。《幼儿园教育指导纲要（试行）》指出，要鼓励幼儿大胆、清楚地表达自己的想法和感受，发展幼儿的语言表达能力和思维能力。根据这一要求，也结合中班幼儿的年龄特点、语言发展水平和他们的兴趣爱好以及需要制定目标。活动准备是为让幼儿通过与环境、材料的相互作用来获得发展的，因此，活动准备必须与幼儿的能力、兴趣、需要等相适应。活动导入利用音频形式，使幼儿感受到哭和笑的不同声音，调动多感官参与兴趣。而在活动的过程中，利用游戏形式，让幼儿做出不同微笑的表情，知道微笑带来的快乐体验，实现了社会领域、语言领域的整合，促进了幼儿的和谐发展！

河北省保定市高碑店市第二幼儿园　张乃艳

蔬菜归类

领　　域：社会

适合年龄：中班

一、设计意图

在日常生活中，我发现很多幼儿不爱吃蔬菜，设计本次活动旨在为了让幼儿了解蔬菜的营养价值，使幼儿对蔬菜有正确的认识，加深对蔬菜的喜爱，激发幼儿对吃蔬菜的兴趣，并形成良好的饮食习惯。

二、活动目标

1. 通过认识蔬菜的外形特征，了解蔬菜的不同食用部分。

2. 按不同的食用部分给蔬菜分类（根类、茎叶类、果实类），发展幼儿的分类能力。

3. 知道蔬菜好吃、有营养，不要挑食。

活动重点：通过观看图片、游戏体验及品尝蔬菜沙拉，让幼儿能按不同的食用部分给蔬菜分类。

活动难点：提高幼儿的分类能力，知道蔬菜好吃、有营养，不要挑食。

三、活动准备

1. 多媒体课件；

2. 胡萝卜、黄瓜、白菜、土豆、花菜等实物若干；

3. 蔬菜图片数量与幼儿人数相等。

四、活动过程

（一）设置情境，激发幼儿探究兴趣

情境：小飞飞（动画卡通形象）来和小朋友做游戏。

1. 小朋友最喜欢的小飞飞和一群蔬菜宝宝来做客了。（兴趣是最好的教师，活动一开始利用幼儿最喜欢的小飞飞和蔬菜宝宝来做客，引起幼儿兴趣）

评析： 选择幼儿喜欢的动画形象小飞飞作为活动导入，成功将幼儿引入活动中，非常适合中班幼儿的年龄特点，极大地调动起幼儿探索的欲望，使幼儿主动探究，积极思考，达到科学素质的提高与个性发展的统一。

2. 教师引导幼儿观看各种蔬菜图片或实物。

师：你们认识这些蔬菜宝宝吗？你喜欢吃哪一种蔬菜？这些蔬菜中可以吃的部分是什么？

3. 出示一幅完整的植物生长图，知道植物的身体是由（根、茎、叶、花、果实）五部分组成。

（二）猜谜游戏

通过猜谜游戏了解蔬菜能吃的部分不一样。

师：红漆桶，地下埋，绿的叶子顶上栽，切开红漆桶，清凉可口好蔬菜。猜一猜它是什么？（答案：胡萝卜）

师：谁能说一说胡萝卜的样子？

小结： 胡萝卜有"土人参"之说，它含有淀粉酶，能助消化，有利于人的身体健康，吃胡萝卜可以补充维生素。

师：我们应该吃胡萝卜的哪一部分？（根）还有什么蔬菜我们也可以吃它的根？

出示其他蔬菜图片。

师：看图中是什么蔬菜？（白菜）我们该吃它的哪一部分？（叶）还有什么蔬菜我们也吃它的叶。（菠菜、油菜）

（三）了解蔬菜的营养价值，教育幼儿不要挑食

播放多媒体课件，使幼儿知道蔬菜营养丰富，含有多种维生素，多吃蔬菜有益于身体健康。

师：多吃蔬菜好处多，小朋友们平时不要挑食哦。

评析：在这一过程中，现代教学辅助手段的运用，发挥了传统教育手段不可替代的功能，使幼儿理解和认识更透彻。

（四）游戏体验：分类游戏"找朋友"

给每个幼儿提供一张蔬菜图片，让幼儿了解此种蔬菜应该吃什么部位，让幼儿根据蔬菜的特征玩找朋友游戏。

利用轻松、活泼、诙谐的音乐，让幼儿在表演的过程中不仅能正确地对蔬菜进行归类，并能自由地、夸张地表现蔬菜的形象。

（五）品尝交流

出示用番茄、黄瓜、胡萝卜做的沙拉，请幼儿品尝，并交流沙拉的制作方法。

评析：幼儿吃吃、讲讲，在兴奋的状态之中，逐步意识到多吃蔬菜的道理，从而自觉地做到不挑食，让身体吸收更多营养，使身体长得更棒。

（六）延伸活动

请幼儿回家和爸爸、妈妈一起制作蔬菜沙拉，巩固对蔬菜的认识。

评析：通过制作蔬菜沙拉，引发幼儿的创作欲望，使审美心理得到愉悦，进而为幼儿有意愿地投入下一个非正规性的自主活动奠定基础，还可以从中生成更有价值的活动。

五、活动反思

蔬菜是幼儿经常接触的食物，每个幼儿都能说出几种蔬菜的名称，但对蔬菜的食用部分及其营养价值不是很了解，加上很多幼儿有不良饮食习惯，因此我选择本次教学内容。《幼儿园教育指导纲要（试行）》中提到，既符合幼儿的现实需要又有利于幼儿的长远发展；贴近幼儿的生活，选择

感兴趣的事物或问题，有助于拓展幼儿的经验和视野。因此，本次活动来源于幼儿生活，又能服务于幼儿的生活。

活动中幼儿认识了大量的蔬菜，知道蔬菜的种类分为根茎类、绿叶类，并且知道了各种蔬菜的营养价值，能够根据蔬菜的特征进行分类、归纳，达到了活动目标。但是活动中存在的不足之处是，教师过多地灌输概念，缺乏对幼儿自主思考的培养，应该在环节设计上给予幼儿更多的自主思考的空间。

河北省石家庄市直机关第一幼儿园　赵建建

大班

划龙舟

领　　域：音乐

适合年龄：大班

一、设计意图

为了让幼儿进一步了解中国的传统节日端午节的风俗和来历，培养幼儿对中国传统文化的兴趣，我设计了本次活动。首先，让幼儿通过看包粽子的动画片，对包粽子的步骤和方法有了更深刻的了解；其次，通过边唱歌边模拟划龙舟的动作，开展团队比赛——"划龙舟"等游戏，感受"赛龙舟"的热烈气氛，体验和伙伴团队合作竞争游戏的乐趣。

二、活动目标

1. 在欣赏"包粽子"动画片的过程中，反复倾听、学唱歌曲，并在间奏和歌词念白部分合拍做"填米→加辅料→包粽子→绑绳"的动作。

2. 玩赛龙舟游戏时，两队成员坚持唱完最后一个词"好了"以后，才可以离开椅子。

3. 体验团队合作赛龙舟游戏带来的快乐，愿意把自己胜利的奖品和同伴分享。

活动重点：体验团队合作赛龙舟游戏带来的快乐。

活动难点：在欣赏"包粽子"动画的过程中，反复倾听、学唱歌曲，并在间奏和歌词念白部分合拍做"填米→加辅料→包粽子→绑绳"的动作。

三、活动准备

1.物质准备:"包粽子"PPT以及找出粽子PPT。

2.知识准备:了解端午节的习俗,在活动前阅读《端午节》绘本,欣赏赛龙舟和包粽子的视频。

四、活动过程

(一)导入部分:故事导入,引出活动

小朋友们,你们记得端午节是什么时候吗?(每年农历五月初五)

端午节的时候,我们可以吃到什么?还可以看什么比赛?(吃粽子、赛龙舟)

今年的端午节又要赛龙舟了,而且会邀请我们小朋友参加,你们想不想去?

获胜的队伍会得到奶奶亲手包的粽子作为奖品,你们想要吗?那么,你们知道奶奶能包出最好吃的粽子的秘诀是什么吗?她喜欢唱着一首叫《划龙舟》的小曲,一边唱一边包,把好心情都包进粽子里了。我们一起来听着这首小曲,看一看奶奶是怎么包粽子的。

(二)基本部分

1.在欣赏"包粽子"动画片的过程中,反复倾听歌曲,利用无意注意,熟悉、记忆歌词,并在间奏和歌词念白部分合拍做"填米→加辅料→包粽子→绑绳"的动作。

范唱1

师:奶奶包粽子时先做了什么?后做了什么?(准备→放米→准备放枣→准备→包扎→准备→系绳子)

师:唱歌词的时候奶奶做了什么动作?(准备动作)

范唱2

师:奶奶唱完哪一句歌词后开始放米的?放了几次米?一起来试一试。

范唱3

师:奶奶放完米以后,又唱了什么?唱完这句后做了什么?放了几个

枣？一起来试一试。

范唱4

师：放完枣唱了什么？

师：唱完"鼓声催得桨声急唷"以后说了什么？"嘿呦"说了几次？粽叶裹了几次？一起来试一试。

范唱5~6遍

师：裹完粽叶唱了什么？

师：唱完"鱼儿跟着喊加油"以后说了什么？绑绳子做了几次？

师：最后说了什么？做了什么动作？

2. 玩"找粽子"游戏，尝试跟着旋律演唱歌曲

（1）师幼共同演唱歌曲（演唱1~2遍）

师：奶奶忙了半天，终于包好了16个粽子，爷爷把粽子装进一个礼物盒里。可是爷爷年岁大了，有点记不清了，他不但装了粽子，还把没包好的食材也装了进去，而且给礼物盒上了锁，这可怎么办？

师：小朋友们，你们可以帮帮忙吗？这是一个神奇的声控盒，打开每一格子的方法就是，唱出《划龙舟》这首歌，歌词唱得准确就可以打开一个格子，这首歌你们都学会了吗？哪里还有困难？我们先来试着唱一唱。

（2）反思环节（3~4遍）

解决不容易记忆或容易出错的歌词和动作，可以让幼儿通过自评或他评的方式找出错误，并进行重点练习。

3. 在玩赛龙舟的游戏中巩固演唱歌曲

（1）师：粽子终于都找到了，奶奶把我们找到的粽子放到一个大筐子里，奖品准备好了，比赛也要开始了，你们想参加赛龙舟吗？请红、黄两队小朋友搬起你们的小椅子排成两竖队，安全登上"龙舟"，安静坐下来准备。

师：坐在队伍最前面的人是本轮比赛的队长，下面请看一看怎么进行比赛：

第一，我们把放米、放枣、裹粽叶、绑绳的动作换成了什么动作？（划船）

第二，队长在说完词以后，离开椅子去抢旗了吗？

第三，队长抢完旗以后做了什么？

（2）师：两队队长，先唱最后一句，试一试？（一起唱最后一句，重点练习说完"好了"以后再离开椅子去抢旗，抢完旗以后迅速跑到队尾坐下）

尝试完以后，完整地玩一次。

（3）师：咦，队长跑到队尾以后没有座位了怎么办？请在说完"好了"以后，所有小朋友轻轻起立向前换一个座位，把最后一个座位留给队长，换好座位后，谁坐在最前面的座位上，谁就是第二轮比赛的队长，继续带领大家进行比赛。

游戏连续进行3次，哪队先集齐三面旗，哪队获胜。

（三）放松环节：愿意把自己胜利的奖品和同伴分享

师：恭喜红队，首先获得三面旗子，你们获得了胜利，通过所有队员的努力，赢来的粽子是什么样子的呢？（出示一篮真粽子）你们瞧，就在这里！那么，谁还记得奶奶一共包了多少个粽子？

师：红队小朋友你们现在有几个小朋友（8个），每人吃一个粽子，还剩几个呢？剩下的可以怎么办？（可以分给黄队的小朋友，友谊第一，比赛第二，好东西不但可以跟自己的队友分享，也可以跟其他队的伙伴分享）

五、活动反思

本次活动通过故事导入，歌曲范唱，使幼儿进入端午节的节日氛围中，让幼儿身临其境成为一分子。活动中设计了有趣的"包粽子"动画片，降低了活动本身的难度，通过做"填米→加辅料→包粽子→绑绳"的动作，让幼儿分清演奏、念白、歌词三部分，进而熟悉歌曲。然后让幼儿带着好奇心反复玩"找粽子"游戏，通过"演唱→猜测→检验结果"的过程，反复练习演唱歌曲，让幼儿有兴趣完成学唱活动。活动中，幼儿表现积极，不但能说出自己存在的问题和唱不准的部分，而且也可以指出其他小朋友的错误。这样自己发现错误并改正错误，能够使他们对歌词、旋律记忆更深刻，进而培养了他们优秀的学习品质。

河北省石家庄市直机关第一幼儿园　赵丽

大 班

奇妙的静电

领　　域：科学

适合年龄：大班

一、设计意图

一天中午，幼儿午睡时我去巡班，大班有个小朋友忽然大叫一声"啊，好疼"，问其原因，是因为在脱衣服时感觉被刺了一下，这个时候很多小朋友七嘴八舌地说自己也遇到过这样的情况。针对这个话题我与幼儿们进行了交流，原来幼儿们常常会遇到这种情况，如：梳子梳过头发后头发飘起来了，脱衣服时会发出"啪啪"的声音等，虽然在玩滑滑梯时也经常出现这样的情况，但他们对其中的奥秘并不了解。《幼儿园教育指导纲要（试行）》中强调：科学教育的内容应从身边取材。引导幼儿对身边常见事物和现象的特点、变化规律产生兴趣和探究的欲望。由此，引发了我的思考并设计了本次活动，活动中让幼儿在实验中观察发现生活中的静电现象，从而乐于发现、观察、探索生活中的科学现象。

二、活动目标

1. 初步感知物体摩擦后产生的静电现象。
2. 能够大胆猜想和认真验证，并与同伴交流自己的发现。
3. 乐意参与摩擦起电的实验探究，萌发对科学探索的兴趣。

活动重点：感知物体摩擦后产生的静电现象。

活动难点：能够大胆猜想和认真验证，并与同伴交流自己的发现。

三、活动准备

1. 操作材料：人形纸片、尺、梳子、泡沫、筷子、勺子等实验物品。
2. 记录表若干。

四、活动过程

（一）"魔术"导入，激发兴趣

师：小朋友们，你们看过魔术吗？老师也会变魔术哦。

出示尺和纸人。

师：瞧，这里有一把尺子和用纸做的小人，老师用尺子能让小纸人动起来。

教师操作，幼儿观察。

师：说一说你看到了什么？老师是怎么变魔术的？

神奇的力量使小纸人动了起来，神奇的力量是怎么产生的？（摩擦）

（二）初步探索，感知静电

探索静电产生的原因——摩擦起电。

（1）初步尝试操作，说一说自己是否成功，与同伴交流成功的秘诀。

师：老师为每个小朋友都准备了一个小纸人和小尺，大家都去试一试。

（2）请小朋友分享操作方法，师幼小结。

小结：找准摩擦的位置，速度要快，摩擦的时间要长一些，要有力度，然后快速地将摩擦的位置放到小纸人的上方，这样小纸人就被吸起来了。

（3）再次操作，感知静电。

小结：因为尺子和衣服经过摩擦后产生了静电，是静电将小纸人吸了起来，这种现象叫"摩擦起电"。

（三）大胆猜想，操作验证

1. 出示不同材料，大胆猜想哪些物品摩擦后会起静电，并能让小纸人动起来。

师：除了小尺与衣服摩擦后能产生静电，将小纸人吸了起来，在我们的生活中还有哪些东西和衣服摩擦后也能产生静电，从而将小纸人吸起来呢？这里有几种生活中常见的物品：梳子、筷子、泡沫、勺子。猜一猜他们摩擦后能产生静电吗？大胆说说你的想法。

2. 分组操作并进行记录，验证猜想。

出示记录表，介绍记录方法。

师：老师为你们准备了实验记录表，大家去试一试，看看这些物品与衣服摩擦后到底能不能产生静电，验证一下你刚才的想法。如果能就在它后面的格子里打勾，不能就打叉。

同伴之间相互交流操作结果。

师：有谁的结果不一样？请个别幼儿说一说操作实验结果，有不同意见的请小朋友再次操作。

3. 小结：为什么有的东西能吸起来，有的不能呢？能吸起来的说明它们经过摩擦产生了静电。

师：小朋友们，原来并不是所有的东西在与衣服摩擦后都能产生静电。不同的衣服摩擦起电的速度不同，产生静电的大小也不同。

（四）联系生活，迁移经验

师：你们在生活中遇到过静电现象吗？感觉怎样？我们用什么方法可以防止或减少静电呢？

1. 幼儿完整地观看课件，初步了解静电的危害。

师：小朋友们，你们在生活中遇到过静电现象吗？感觉怎样？

（在干燥的天气和小伙伴拉手时被"电"到，梳头时头发根根竖起，脱衣服时"刺刺啦啦"的声音和点点火花……）

师：静电有哪些危害呢？我们又可以用什么方法来防止或减少静电？老师这里有一段关于静电的视频，我们一起来看一看。

2. 小结：原来静电对我们的身体危害这么大，那我们要想使自己不被"电到"，就要保持身体的湿润，勤洗手、洗澡，尽量穿棉布料的衣服；天气干燥的时候要注意擦护肤霜等来防止静电产生。

(五)延伸活动

将不同材质的材料投放至科学区,鼓励幼儿继续探索、发现。

师:老师会在科学区为小朋友准备许多不同的材料,大家可以继续玩产生静电的游戏,相信一定会有更多的发现。

五、活动反思

《3—6岁儿童学习与发展指南》"科学"领域指出,幼儿科学学习的核心是激发探究兴趣,体验探究过程,发展初步的探究能力。本次活动正是为了满足幼儿的探究兴趣和操作愿望而设计的。活动来源贴近幼儿的生活,所用的材料也是幼儿生活中常见的,我从中挑选了几种不同材质的物品引导幼儿进行操作探究。活动中以幼儿的直接感知、亲身体验、实际操作为主要学习方法,鼓励幼儿大胆猜想、认真实验、表达交流,符合"做中学"的思想,也充分体现了课程游戏化的精神。整个活动幼儿积极主动,有很高的探究热情和交流愿望。活动中我支持、鼓励幼儿多观察、多发现、多质疑,对于发现的问题要靠反复的实验去解决,这也充分体现出科学探究的精神。但活动也有不足的地方,由于考虑到时间问题,未能让幼儿尽兴地去操作,而在互动交流时,未能做到对所有的问题进行反馈。

江苏省淮安市合肥路幼儿园　陈岸月

大 班

寻宝之旅

领 域：数学

适合年龄：大班

一、设计意图

《3—6岁儿童学习与发展指南》"科学"领域指出，引导幼儿观察发现按照一定规律排列的事物，体会其中的排列特点与规律，并尝试自己创造出新的排列规律。大班幼儿在生活中可以通过观察和思考发生在身边的按一定规律排序的事物，引导他们愿意通过自己的努力获得新知识，感受创造新的排列规律的乐趣。

大班幼儿的数学思维有了进一步的发展，他们对排序很感兴趣，在游戏时常常会自发地对玩具或者物品进行一定规律的排序。而且，他们非常喜欢竞赛冒险的游戏，于是，我根据幼儿的发展程度，创设了"寻宝之旅"的教学情境，为幼儿提供多元的排序材料，引导幼儿从多角度思考问题，探索不同规律的多种排序方法，促进幼儿观察、思考及创造能力的发展，使幼儿在学数学、用数学的过程中充分感受数学的重要和有趣。

二、活动目标

1. 体验按规律排序，感受用不同方式表现规律。
2. 在多元的材料中尝试按规律排序。
3. 感受到排序既有用又有趣，增强对生活的热爱。

活动重点：在多元的材料中体验按规律排序，尝试用不同形式表达同一规律。

　　活动难点：在乐曲的不同规律中做出相应不同的重复动作。

三、活动准备

1. PPT 课件、音乐。

2. 活动流程图，详见下图。

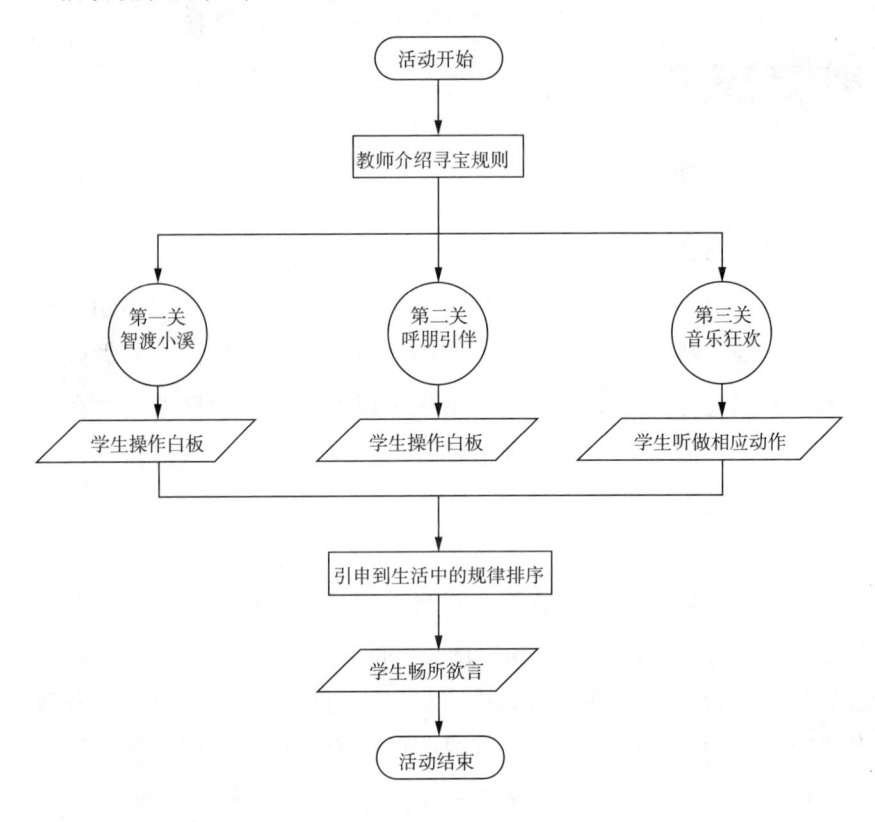

```
                        活动开始
                           ↓
                    教师介绍寻宝规则
                           ↓
        ┌──────────────────┼──────────────────┐
        ↓                  ↓                  ↓
      第一关              第二关              第三关
     智渡小溪            呼朋引伴            音乐狂欢
        ↓                  ↓                  ↓
    学生操作白板        学生操作白板      学生听做相应动作
        └──────────────────┼──────────────────┘
                           ↓
                  引申到生活中的规律排序
                           ↓
                      学生畅所欲言
                           ↓
                        活动结束
```

四、活动过程

（一）导入环节

　　老师讲故事：春天到了，果果听说在遥远的南山上有一处宝藏，她想去寻宝。于是，她召集小伙伴们一起开始了寻宝之旅。

　　评析：使用"聚光灯"的功能，突出果果这个主人公，开启今天的"寻宝之旅"。

（二）学习环节

第一关：智渡小溪。山脚下的小溪上有两座坏掉的木桥，只有找出规律修好小桥，才能渡过小溪。（以 ABAB 和 ABCABC 的规律出现，找到规律后再转为用动作来表示）

提前对木板设置好动画，使得它们能到达正确的位置。通过白板的硬笔功能，实现对规律总结提取的书写。

第二关：呼朋引伴。他们走过山腰处，又来到森林，老虎一听也想一同去寻宝，可是狮子也想加入，两个动物一见面就开始为了谁是森林之王而争吵，为了继续前行，请给他们按规律来排序。（以"是→否→是→否"的规律来排序，找到规律后再用声音表现此规律）

根据"素材"的功能，以老虎和狮子的图片作为素材，能直接地让幼儿随意拖动，让他们来自由探索排序。

第三关：音乐狂欢。听音乐，根据不同旋律做不同动作，完全正确才能登上山顶。（根据不同小节的旋律规律和音乐的快慢来做不同的动作）

通过添加音频的功能播放音乐，简单快捷。宝箱打开后，里面是一颗颗漂亮的糖果，幼儿们每人一颗，开心地下山。

评析：整个寻宝的环节，有主人公的动画设置和音效设置，使得寻宝的紧张和兴奋贯穿于整个活动中。

（三）结束环节

师：小朋友们，刚刚我们用智慧发现了很多有趣的规律，那请你动动脑筋，想一想我们身边有什么事物是按规律排序的。

（四）活动延伸

师：在生活中有很多有规律的排序，看看谁是爱动脑的小朋友，能创造出新的规律来排序。请你说一说、画一画，跟身边的小伙伴交流一下。

五、活动反思

本节数学活动突破了常规的按规律排序，不仅让幼儿体验了颜色、形状的排序，还尝试了用逻辑思维"是→否"的规律进行排序。在材料的维度方面，不仅有图片的排序，还有声音、动作的排序，多元的刺激让幼儿注意力集中，并且参与的积极性非常高，顺利达成了预设的活动目标。

这次的数学排序材料和要求都较常规教学来说新颖有趣，开始幼儿有些不敢尝试，怕出错，在我的鼓励下才放开内心的桎梏，快乐地体验起来。这种现象提醒了我，在以后的教学中一定要更多地关注幼儿的反应和内心活动，及时、更多地给予他们积极的鼓励和评价，为幼儿提供一个更加轻松、自由的探索空间。

活动结束后，我反思了一下，觉得针对大班幼儿的情况，一定要提前了解他们的经验水平，设定的教学目标也要高于此，并且他们能通过思考或努力获得新的知识，即给他们预设出"最近发展区"。这样，幼儿不仅有快乐的学习体验，也获得了新的知识经验。

在活动中，教师需要注意的是，如果一个知识点是幼儿们很快能掌握的，就不要过多强调，而应该转为他们更感兴趣的环节，也可以加深难度。

虽然幼儿的学习积极性很高，但是还没有为他们创造出人手一份的操作条件，如果能让每个幼儿都有机会去操作体验，想必他们获得的直接经验会更加深刻，也可能会在探索排序规律时碰撞出更多智慧的火花。

河北省保定市友爱幼儿园　高晴

绝对不能保守的秘密

领　　域：健康

适合年龄：大班

一、设计意图

随着经济的飞速发展，社会环境也随之变得纷繁复杂，它为幼儿带来了欢乐，也附带着潜在的危险。一本培养幼儿自我保护意识的优秀绘本《绝对不能保守的秘密》将幼儿隐私部位的自我保护问题呈现在教育者的面前，同时也呼应了《3—6岁儿童学习与发展指南》"健康"领域提出的"告诉幼儿不允许别人触摸自己的隐私部位"这一条教育要求。

本活动尝试借助与大班幼儿分享小男孩艾尔弗雷德的"绝对不能保守的秘密"，让幼儿清楚地知晓自己身体的哪些部位是隐私部位，当遇到有人试图触摸的时候应该怎么办，体会小男孩的不断变化的心理过程。通过分组讨论得知：有一些秘密绝对不能保守，面对手捧鲜花的"大灰狼"一定要大声地说"不"，或者向自己亲近的人寻求帮助，要学会勇敢地与亲近的人分享不愉快的经历，不断增强自我保护的意识。

二、活动目标

1.知道人体上有不可被他人触摸的隐私部位，初步培养幼儿自我保护意识。

2.愿意大胆向亲近的人讲述不愉快的经历，并用正确的方式缓解情绪。

活动重点：知道人体上有不可被他人触摸的隐私部位，初步培养自我保护意识。

活动难点：愿意大胆地向亲近的人讲述不愉快的经历，并用正确的方式缓解情绪。

三、活动准备

1. PPT 课件；

2.《绝对不能保守的秘密》绘本；

3. 人体部位图 4 幅；

4. 红色标记贴若干。

四、活动过程

（一）什么是秘密

引出"秘密"："你们有秘密吗？"直接切入活动主题。

迁移讲述："什么是秘密，谁来说说？"（鼓励幼儿大胆表达自己的想法）

小结：秘密是不告诉别人的、不让人知道的事情或事物。

评析：每位小朋友都有自己的秘密，以"秘密"作为导入，可以引起大家的共鸣。

（二）艾尔弗雷德的秘密

1. 观看故事至"不能把秘密告诉别人"：艾尔弗雷德也有个秘密，是什么？

（1）倾听交流：刚开始艾尔弗雷德和亨利伯爵相处得怎么样？

（2）推测讲述：妈妈在哪里打扫卫生，艾尔弗雷德在哪？发生了什么事情？

评析：课件上妈妈在距离艾尔弗雷德很远的犄角旮旯处，让幼儿仔细地在课件上寻找艾尔弗雷德在哪里，这样，可以充分地调动幼儿的学习兴趣。最终幼儿发现艾尔弗雷德和亨利伯爵待在一间小小的房子内，激发了幼儿的好奇心以及探索的欲望——究竟发生了什么事情？原来是艾尔弗雷德被亨利伯爵触摸了自己的私密部位。

2. 了解人体的隐私部位："哪些地方是人体的隐私部位？"

（1）提出任务：出示小组操作卡、标记贴纸，交代操作要求：6人一组，商量后在大家意见一致的隐私部位贴上标记，并推选一名代表准备为大家介绍。

（2）分组操作：幼儿自由分组进行操作，关注各组完成的时间及情况。

（3）代表交流：分组依次交流，代表陈述后可由其他成员补充讲述。（课件同步出现，现场画圈）

评析：每组一幅人体部位图，大家一起讨论哪些地方是人体的私密部位，不仅调动了大家的合作意识，而且也加深了对私密部位的直观理解。

3. 集体讨论：艾尔弗雷德的感受及做法。

（1）换位思考：被触摸后会有什么感受？（难过、不舒服）

（2）大胆表达：艾尔弗雷德应该反抗吗？怎么反抗？（大喊、挥舞着双臂抵抗、跑去找爸爸妈妈寻求帮助）

小结：内衣内裤遮住的地方叫隐私部位，不可以让别人触摸，如果有人来触摸，小朋友要学会激烈地反抗，保护好自己。

评析：通过集体讨论，激发幼儿自我保护的意识，并且掌握一些自我保护的方法。

（三）是否要保守秘密

1. 第一次判断：应该保守秘密吗？

陈述规则：鼓励幼儿独立做出判断，并完整陈述理由。"觉得应该告诉妈妈的请坐到绿色标记处。反之，觉得不应该告诉妈妈的请坐到红色标记处，并说出理由。"

2. 第二次判断：还要继续保守秘密吗？

思考判断："艾尔弗雷德没有把秘密告诉妈妈，结果怎么样？这一次他应该告诉妈妈吗？请再次选择并陈述理由。"请幼儿依据判断现场调整座位。

第三次判断：不可保守的秘密！

揭示结局：

听到艾尔弗雷德说出的秘密,妈妈说了什么?(表扬了他勇敢)

说出了自己的秘密,艾尔弗雷德的表情有了什么变化?(开心、很舒服)

你觉得这个秘密可以保守吗?(不能)

小结: 像艾尔弗雷德被人触摸隐私部位的秘密是一定不要保守的,要告诉自己亲近的人,这样才能更好地保护自己。

评析: 通过三次的判断,层层递进,逐步了解有些秘密不能保守,否则自己会越来越难受。

(四)"不能保守的秘密"

拓展讨论: 这个故事的名字就叫《绝对不能保守的秘密》,生活中什么样的秘密是不能保守的?

分享交流: 生活中我们会遇到好人,也有可能遇到像亨利伯爵那样的坏人,我们应该怎样做?

小结: 一定要学会保护好自己,无论发生任何事情都要勇敢地和自己亲近的人分享。

五、活动反思

1. 营造问题情境,激发探索欲望

每位小朋友都有自己的秘密,以"秘密"导入,容易引发大家的共鸣。活动开始部分的课件上,妈妈在很远的犄角旮旯处,艾尔弗雷德在哪?让幼儿仔细地寻找艾尔弗雷德,这样,可以充分地调动他们的学习兴趣,最终发现艾尔弗雷德和亨利伯爵待在一间小小的房子内,加上课件里一声凄惨的"不要",更加激发了幼儿的好奇心以及探索欲望——究竟发生了什么事情?整个教学活动中幼儿们随着故事情节,作为故事中的一分子参与到学习过程中来,充分调动了幼儿们学习的积极性,使教师、幼儿、教学内容融为一个整体。

2. 从生活中来,与现实生活相结合

纷繁复杂的社会环境,为幼儿带来了欢乐,也附带着潜在的危险,尤其是一些儿童被虐待、欺凌的事件,有些可能就发生在自己的身边。活动中通过多次集体讨论,一方面让幼儿了解哪些地方不能被人触摸,另一方面激发幼儿的自我保护意识以及学会一些自我保护的方法,为幼儿们以后的身心健康发展奠定了基础。

3. 活动游戏化,有趣、直观、易理解

幼儿是在游戏和生活中通过动手操作、直接感知、亲身体验学习的,为了让幼儿理解哪些地方是人体的私密部位,我们特地设计了一个游戏环节——给私密部位贴上标记,同一组的幼儿通过小组讨论,得出结论,并在集体交流时进一步加深对私密部位的了解。

在是否"要保守秘密"的环节,通过类似"辩论"的游戏形式展开,不仅有趣而且还能不以说教的形式告知幼儿:有些秘密是不能保守的。

活动的最后给幼儿传递了这样一种理念:家人、朋友都是爱着自己的,是自己亲近的人,无论发生任何事情都要勇敢地告诉自己最亲近的人。

江苏省苏州市高新区新升幼儿园　葛彩红

穿越侏罗纪

领　　域：健康

适合年龄：大班

一、设计意图

国内外的幼儿体育研究越来越重视发展幼儿的基本动作的教育理念，因此，我在教学中设计了以幼儿走、跑、跳、投、钻、爬等基本动作为主题的活动，以进一步提高幼儿的运动速度，锻炼幼儿的耐力、灵敏性和协调性，并且促使幼儿在体验活动的过程中学会观察、交流、合作等能力，学习遇到困难时解决困难的方法。

首先，以幼儿熟悉的恐龙进行"穿越侏罗纪"的情景创设，以幼儿喜欢挑战的性格为基础，进行情节设计，层层吸引幼儿的兴趣。以幼儿喜欢的游戏形式很自然地进入教学活动中，并支持他们在游戏中根据自己的情况进行观察、判断、调整。

其次，从热身活动、基本过程、结束活动三个大的基本环节出发，触发幼儿的探究欲望，随着情节的不断变化，支持幼儿发现问题，并在与同伴互动的过程中积极寻找方法，在不断地体验中与自身经验发生碰撞，提升解决问题的能力。最终，体验与同伴合作的成功感，培养团队意识，增强自信心。

二、活动目标

1. 能躲避同伴的干扰，顺利带球通过。

2. 在与同伴合作玩球的过程中，提高身体的协调性、手眼一致的能力。

3. 感受棍球活动的乐趣，积极参与体育活动。

活动重点：能躲避同伴的干扰，顺利带球通过。

活动难点：在与同伴合作玩球的过程中，提高身体的协调性、手眼一致的能力。

三、活动准备

1. 有关侏罗纪和恐龙的知识经验。

2. 软棍每人一根，鳄鱼球（视为恐龙蛋）为幼儿人数的一半，软垫5块。

四、活动过程

（一）玩"穿越游戏"进行热身

师：今天，我们来玩一个穿越的游戏，具体地形如下图所示，观察一下，可以怎么过去？（走过去、爬过去、跑过去）

幼儿与教师一起进行热身，为下面的游戏环节做准备。

（二）幼儿尝试进行"穿越侏罗纪"的游戏

1. 幼儿玩"穿越侏罗纪"游戏

师：接下来，我们要完成一个"拯救恐龙蛋"的任务，但是，需要有人来扮演沉睡的恐龙。身体可以动，但脚不能动，谁愿意？

2. 对活动现场"侏罗纪"进行侦查

师：对一个陌生的现场，我们要先进行观察。如果你带着恐龙蛋，该怎么安全通过呢？（第一关如下图所示）

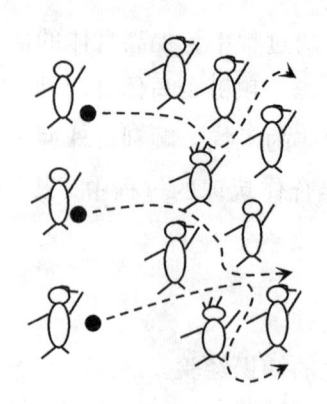

3. 幼儿开始玩游戏

师：我给大家准备了一根球棍和一个恐龙蛋，要求带着恐龙蛋安全、快速地穿越侏罗纪，恐龙蛋一旦碰到恐龙就表示任务失败，需要回到起点。（第二关如下图所示）

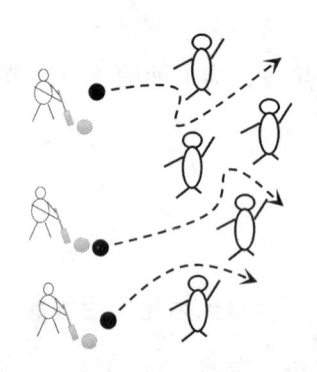

4. 师幼小结

小结：恐龙蛋一定要紧紧跟着自己，趁恐龙不注意的时候，找空隙的地方过去。

5. 幼儿交换身份，进行游戏

教师边关注游戏进程边点评，确保游戏顺利进行。

（三）游戏升级，幼儿挑战难度增加

1. 教师直接引出话题

师：我们刚才玩了游戏，很开心，现在恐龙醒了，他们找来了球棒作

为武器，用来拦截恐龙蛋，游戏难度增加了，你还有信心把恐龙蛋安全护送过去吗？（游戏升级，如下图所示）

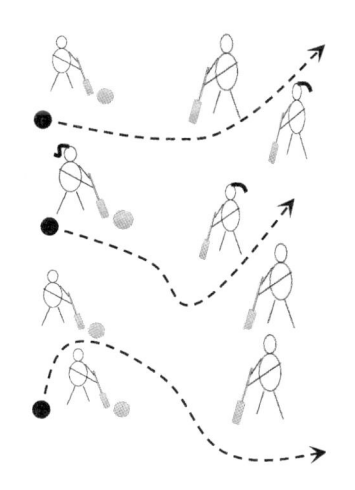

2. 幼儿进行游戏

如有幼儿在游戏过程中遇到困难，教师应鼓励同伴之间互相帮助，出谋划策，解决问题。

3. 师幼小结

小结：首先，学会观察，找空隙大的地方。其次，要速度快，趁恐龙不注意的时候通过。

4. 幼儿交换身份，进行游戏

教师边关注游戏进程边点评，确保游戏顺利进行。

（四）游戏结束，收拾场地休息

师：这次穿越侏罗纪的游戏，让我们明白了，运动中也要学会观察、思考，运动速度是顺利越过障碍的秘诀。

游戏结束了，我们在垫子上放松一下吧！请你们帮我一起收拾场地，好吗？

五、活动反思

球类运动是幼儿喜欢的一项游戏。其中，用球棍击球是一种新鲜的玩法，极大地调动了幼儿的参与兴趣。整个活动都采用了"游戏"的方式，

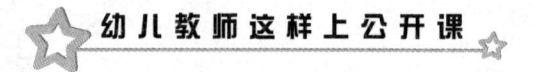

符合幼儿的心理特点和学习方式。

活动以幼儿为主，在角色分配上，幼儿自己选择同伴并熟悉任务，形成闯关双方。双方在任务意识的驱动下，能够积极主动地思考，根据活动现场以及教师的问题调整自己的行为，并且在与同伴互动的基础上，积累新的经验，相互鼓励、一起成功。

活动环节从徒手穿越到带恐龙蛋穿越，难度逐渐增大，尤其是在障碍面前运球，需要身体和球棍灵活配合以及随时调整身体姿势，躲避障碍物，具有一定的挑战性和难度，满足了幼儿喜欢挑战的心理需求。

江苏省常州市新北区河海幼儿园　　郝卫锋

大班

口编应用题

领　　域：科学

适合年龄：大班

一、设计意图

幼儿期无意注意占有优势，幼儿主要以无意注意参与学习活动，《幼儿园教育指导纲要（试行）》中要求，要选择贴近幼儿的生活，选择幼儿感兴趣的事物和问题。强调了幼儿园教育尤其是数学教育活动必须回归生活，与幼儿生活实际密切联系，以充分调动幼儿学习的主动性。

我根据活动目标，结合幼儿学习数学的特点，在活动中让幼儿运用动作、语言感知和掌握口编应用题的基本方法。以哑剧、表演等形式展开活动，激发了幼儿好奇心和探索的心理，同时将仿编加减法应用题的基本结构以视觉、动作、语言的形式浅显地展现在幼儿的面前。利用"钓鱼"的游戏活动方式，组织教学活动。在玩的过程中，让幼儿运用生活中的事物边说边做动作，使幼儿能在玩中学，并玩得开心、自信，学习的热情自然也大大提高了，从而潜移默化地培养了幼儿主动学习的意识。

二、活动目标

1. 学习解答口编应用题，初步体验应用题的基本结构。
2. 用简明的语言表述应用题中事物之间的数量关系。
3. 学会用数字、符号、图片和动作演示事物的过程并记录结果。

活动重点：学习解答口编应用题，初步体验应用题的基本结构。

活动难点：学会用数字、符号、图片和动作演示事物的过程并记录结果。

三、活动准备

1. 课件；

2. 水果玩具、磁性图片（小鹅、鱼、鸟、乌龟、鸭梨）、黑板画（树、水、蓝天、草地）；

3. 数字卡（1~6的数字两套）；

4. 10个梨；

5. 符号（加号、减号、等号）。

四、活动过程

律动：《健康快乐动起来》，活动前热身。

（一）问答游戏

巩固复习6以内数的分解和组合。

师：小朋友，我问你，2和3合起来是几？6可以分成2和几？

刚开始的环节，可以让幼儿抢答，使教学氛围热起来。

师：今天来了这么多听课的老师，她们都是我们的客人，你们高兴吗？（高兴）

师：老师也很高兴，现在老师给客人表演个节目，请你们仔细观察并讲出老师做的动作是什么意思。

（二）哑剧表演：我来做，你来说

出示水果玩具，教师双手在胸前交叉打开，然后把水果分给两个幼儿，并有规律地点数。

师：谁能说出老师的动作表示的是什么意思？你是怎么知道的？

幼：老师给明明2个鸭梨，给红红3个鸭梨，问一共给他们多少个鸭梨？2加3等于5。

师：2，3，5分别代表什么？请小朋友用动作演示出来。

幼儿演示完毕后，教师可以再用动作编出一道减法应用题，并让幼儿说一说。

评析：引出数字和符号并用动作演示，可以加强幼儿对符号及加法、减法应用题结构的理解。

（三）看图讲故事

幼儿手持图片在黑板前操作，其他幼儿边看边做动作进行问答活动。

评析： 在教学加法和减法应用题时，让幼儿通过观察图画，以及动作、语言的表达，初步认识加法和减法的意义。教师需强调幼儿的动作和语言的准备性。

（四）看图编题

幼儿看课件上的图画编加法和减法应用题，并列出算式。提示幼儿正确操作数字卡片。

引导幼儿感知并进行看图说意的训练，做好提前的渗透工作，进行编题练习，同时要求幼儿根据图片内容和提供的数量，用语言交待一件事，在结果部分提出一个问题，完整地感知编题的结构。

（五）智力游戏：钓鱼

邀请五名幼儿手拿算式题扮演小鱼，一名幼儿扮演钓鱼的人，闭上眼睛转三圈，然后伸手钓鱼。抓住小鱼以后拿出小鱼身上的算式题，让其他幼儿进行口编应用题活动。谁先回答正确，奖励一小条鱼。继而转换角色游戏继续进行。

（六）活动延伸

请家长利用家中物品和幼儿进行编应用题活动，比一比谁的应用题编得最好，回答得最快。

五、活动反思

幼儿期正处于数学学习的启蒙时期，幼儿学习的特点是离不开具体丰富的生活经验的，因而幼儿园数学教育活动的内容与组织离不开生活实际。

大班的幼儿，口语表达能力发展较快，他们想把自己所见到的、所听到的趣事与大家分享，作为幼儿的启蒙老师，我们要清楚地知道这一时期幼儿口语发展的特点，因势利导，促进其发展。看图口头编应用题注重培养幼儿的注意力和观察力，是发展幼儿语言表达能力的极好方式，能够让幼儿更加细心；再通过动作、语言的表述进一步增强幼儿的理解能力。

在教学中，我利用学具操作，帮助幼儿将"数"从实物中逐步抽象出来，初步形成数的概念。使大部分幼儿都能轻松地运用这种方法，从不同的思维角度口述自编应用题。利用这种形式编应用题，既减少了教师枯燥讲解的过程，又提高了幼儿解决问题的能力，也对培养幼儿的口语表达能力起着事半功倍的作用。

数学在自然环境中无处不在，教师要抓住周围环境中随时可能出现的教育机会，激发幼儿学习数学的兴趣。而营造平等、和谐的学习生活氛围，往往能消除幼儿内心的疑虑，鼓励幼儿敢说、要说、主动说，能够使幼儿细致观察事物的能力得到进一步训练和强化，使幼儿的主观能动性得到充分的发挥。幼儿从生活经验和客观事实出发，在相互研究、交流的实践活动中学习数学、理解数学、发展数学，进而喜欢数学。

黑龙江省虎林市八五六农场幼儿园　黄秀丽

懒惰的小蜗牛

领　　域：语言

适合年龄：大班

一、设计意图

动物是人类的朋友，喜爱小动物是幼儿的天性。我设计的此节教育活动，旨在通过活动引导幼儿运用连贯、完整的语言，讲述图片的情节，锻炼幼儿能在集体面前自然、大方、有重点地讲述故事。

二、活动目标

1. 锻炼幼儿能在集体面前自然、大方、连贯、有重点地讲述故事。

2. 引导幼儿对图片进行创造性的排列并讲述，培养幼儿的逻辑思维和求异思维。

3. 引导幼儿运用连贯、完整的语言讲述图片情节，并运用合理的想象来发现角色的心理变化。

活动重点：引导幼儿用连贯、完整的语言讲述图片情节，运用合理的想象发现角色的心理变化。

活动难点：引导幼儿对图片进行创造性排列并讲述，培养幼儿的逻辑思维和求异思维。

三、活动准备

1. PPT课件；

2. 每组幼儿一套与《懒惰的小蜗牛》故事相关的图片。

四、活动过程

（一）谜语导入，激发幼儿兴趣

1.谜语：头上两对小触角，背上一座小房子；任你怨它走得慢，悠悠闲闲从不急。

（通过谜语导入，激发幼儿猜想的欲望，为下面的讲述活动作铺垫）

2.请幼儿学一学小蜗牛爬行的样子。（小蜗牛爬行最大的特点是慢吞吞、懒洋洋的样子）

评析：大班幼儿以具体形象思维为主，抽象逻辑思维开始萌芽，通过引导幼儿模仿蜗牛的样子，让幼儿直观地理解"慢吞吞、懒洋洋"等叠词的概念。

（二）出示图片，引导幼儿感知、观察，鼓励幼儿大胆创编故事

图片上有什么小动物？（乌龟和蜗牛）它们要去干什么呢？（旅游）这只蜗牛在旅游时是怎么偷懒的呢？结果怎么样了？

评析：观察是认识事物的基础，教师利用"提问观察法"引导幼儿一步步观察图片，使幼儿在讲述时会更细致。观察能力是发展幼儿认识能力的基础，也是构成幼儿创造力的始发因素。教师通过提问观察，幼儿的讲述才会更具有条理性和层次性。

（三）教师运用提问的形式，引导幼儿仔细观察图片，发散幼儿思维，使其有重点地进行讲述

1.小蜗牛为什么睡了？（累了，不舒服……）蜗牛是怎么想的？会怎么做？（爬到小乌龟背上多省劲呀，看风景，很舒服……）

2.小乌龟睡醒没有？看到小蜗牛，它会怎么想？又会怎么做？这时小蜗牛又在做什么？

3.如果小蜗牛没有爬到小乌龟的背上，而是它们比赛又会怎样呢？（鼓励幼儿发挥想象力）

4.通过观察图片，你还想到了什么？

评析：开放性的问题能够充分发散幼儿思维，本环节中教师注重开放性的提问，有效地开拓了幼儿的思维并发展了其讲述能力，给幼儿营造了想说、愿说的宽松的心理环境。

（四）幼儿自由排列图片，引导幼儿讲清故事的时间、地点、人物、发生的事情

教师引导幼儿对图片进行创造性的排序、讨论，并进行讲述，教师进行指导，分三个步骤进行：

1. 幼儿观察图片说出自己的想法，然后讨论，最后排序。
2. 大家根据排列顺序进行讲述并为故事取名字，提醒幼儿讲述时要讲清时间、地点、人物、发生的事情。
3. 各组选派一名代表到前面为全体幼儿进行讲述。

评析：在分组过程中，教师有意识地采用"以强带弱"的分组技巧，以小组形式进行分组讲述，为幼儿提供了相互学习、相互模仿的对象。幼儿之间的差异性恰恰成为幼儿学习语言的重要资源，在相互讨论、交流中促进幼儿的社会性发展。分组讲述从时间上避免了隐形浪费，幼儿有更多的机会围绕同一主题进行讲述，在有效的时间内给予幼儿更多的交流与表现的机会。

（五）生活拓展，引导幼儿做事要勤劳不偷懒

1. 提问：你在平时的生活中做事有没有偷懒呢？做过哪些偷懒的事情。
2. 引导幼儿说出自己今后正确的做法。

（六）活动延伸

1. 把图片投放在区角中，请幼儿根据图片进行不同的排列顺序，并大胆合理地讲述故事。
2. 搜集有关蜗牛的资料，观察蜗牛的外形特征，探索蜗牛的生活习性，并把想法画下来。

五、活动反思

活动环节设计合理，采用层层递进的方式，围绕目标展开。从活动的整个流程看，教师始终是在引导的位置上。从幼儿的角度来说，幼儿们的发言积极，思维活跃，多数幼儿都能积极大胆地表达自己的见解。在让幼

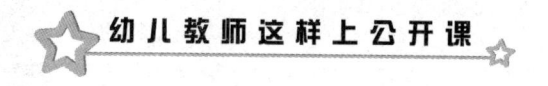

儿自由看图讲述时，教师活动前要求明确，能够突出重点。教师提问时，给了幼儿一定的时间，不仅能够激发幼儿的想象力，同时也调动了每个幼儿的积极性。

在活动过程中，教师也注重幼儿的倾听习惯和自信心的培养。当胆小、内向的幼儿不敢发言时，教师能够给予鼓励和肯定，并有效地回应幼儿的想法，促使幼儿的讲述更加丰富、完整。

山东省滨州市滨城区教育实验幼儿园　贾芬芬

当我害怕时

领　　域：社会

适合年龄：大班

一、设计意图

大班的幼儿情绪情感越来越丰富，对情绪情感的自我控制能力也越来越强。这是大班幼儿心理特点的一个非常显著的方面。虽然大班幼儿情绪情感的调节能力已逐步增强，但是情绪仍有不稳定性和易冲动性，也容易受各种因素的影响而产生变化。最近班里经常有幼儿跟我说自己晚上睡觉害怕，不敢一个人睡觉，总是和父母或者爷爷奶奶一起睡。我觉得这对幼儿情感的发展有影响，也不容易培养幼儿独立的性格。因此我选择了《当我害怕时》这个绘本，故事的主要内容是一只小兔子害怕这害怕那，但是后来他明白了害怕是一件很正常的事，于是他想出了对付害怕的好多方法。我用这个故事进行教学的主要目的是：驱散幼儿心中的黑暗和恐惧心理，让幼儿尽量减少害怕，或者不再害怕，增加幼儿战胜恐惧的勇气。

二、活动目标

1. 知道害怕是一种正常反应。
2. 能够在快乐轻松的活动中大胆表达。
3. 能够结合自身经验积极尝试寻找战胜害怕的方法，愿意勇敢面对。

活动重点：知道害怕是一种正常反应。

活动难点：能够结合自身经验积极尝试寻找战胜害怕的方法，愿意勇敢面对。

三、活动准备

绘本《当我害怕时》、PPT课件及相关音乐等。

四、活动过程

（一）创设情境，引出主题

小朋友们，看，这是哪儿？（大森林）

老师想邀请你们一起去大森林冒险，你们愿意参加吗？（播放音乐《郊游》）

在大森林里会遇见什么呢？

评析：幼儿们对森林是很向往的，此处应鼓励幼儿大胆发表自己的想法，提高语言表达能力。

播放大老虎的叫声，出示大老虎的图片。

听，是什么声音？

老虎来了，你们的心里是什么感觉？（引导幼儿说出害怕）

小朋友们还害怕过什么事情吗？

幼1：害怕打雷。

幼2：害怕爸爸妈妈吵架、生气。

幼3：害怕黑夜，也害怕打针。

评析：幼儿们的经验是丰富的，此话题的抛出，可以引发幼儿们对已有经验的认知。

小结：刚刚老师听了小朋友们说害怕的事情，原来每个人都有害怕的时候。刚刚在大森林里老师看见了一只小白兔，它不仅害怕大灰狼和老虎，还怕别的东西，会是什么东西呢？我们一起去看一看吧。

（二）出示课件，让幼儿了解故事的主要内容

（1）观看课件，了解兔宝宝害怕的事情。

师：小兔子害怕的东西是什么呀？

幼1：害怕大蜘蛛。

幼2：害怕气势汹汹的人。

幼3：也害怕一个人的黑夜。

师：看来小兔子和我们一样有这么多害怕的事情，当我们遇到害怕的事情会有什么反应呢？

幼1：想要躲起来。

幼2：想找妈妈。

师：小朋友害怕了可以找妈妈，还可以告诉老师，但小兔子害怕时会和我们有一样的反应吗？

（2）观看课件，寻找战胜害怕的办法。

师：小兔子遇到害怕的事情时有什么反应？

幼：想要找一个安全的地方藏起来。

师：害怕是什么感觉？现在老师就用魔法把小朋友变成小兔子，咱们去采蘑菇，这时有好多又黑又丑的蜘蛛爬了过来。（幼儿扮演的小兔子们纷纷做出各种害怕的反应）

小结：人和小动物都会害怕，害怕是一件很正常的事，谁都有害怕的时候，但是勇敢的人不会逃避，他们会努力地想办法去克服害怕、战胜害怕。

师：勇敢的小朋友们，你们想出了什么好办法战胜害怕吗？

幼1：赶走让自己害怕的人和事。

幼2：和好朋友在一起。

幼3：和爸爸妈妈在一起，也可以藏起来。

（3）观看课件，帮助幼儿总结归纳，梳理战胜害怕的办法。

师：小朋友想出来这么多好办法来对付"害怕"，那大家说小兔子会不会也像我们这么聪明，这么勇敢呢？（观看课件）

师：原来面对害怕，小朋友和小兔子都是这么勇敢，小兔子想出来的办法都有什么呢？

害怕的时候小兔子在听音乐，听音乐可以让心情舒缓下来。

师：小兔子还做了什么动作？（拥抱）

害怕的时候可以和大人抱一抱、亲一亲，让自己的心情变得好一点。

师：一个人在黑黑的夜晚里很害怕，小兔子在做什么？（开灯）

评析： 打开灯可以赶走黑黑的影子，也可以告诉别人自己害怕的事情，想想高兴的事，或者想想爱我们的爸爸妈妈，爱会让我们变得强大，战胜害怕。

小结： 看来小朋友和小兔子一样聪明，都有这么多好办法，我们有了这些办法就不用再害怕了。

（三）活动延伸

小朋友们还想和小兔子一起去森林冒险吗？小朋友们要接受挑战，战胜困难和害怕，我们继续出发吧！

前面有一条窄窄的小河，小河上是一座独木桥，你敢一个人走独木桥吗？我们可以试一试哦。

五、活动反思

在活动中主要采用了直观教学法，考虑到幼儿以具体形象思维为主，于是设计了让幼儿观看图片进入故事情景，加深幼儿对故事内容的理解，让幼儿知道害怕是人类的正常情绪，通过提问、回忆等形式，让幼儿了解一些正确应对害怕的方法，愿意勇敢面对。这些教育策略的运用适应幼儿的学习心理特点，有利于促进幼儿积极主动地学习。

不足之处：活动过程中讲述的故事不够生动形象，语言组织不到位，导致幼儿的注意力不够集中。在提问方面语言组织不够精练，提问的问题太多，幼儿的回答不多，老师说得多，幼儿说得少。对于图画中的某些细节问题没有注意到，没有引导幼儿自己发现问题、解决问题。

山东省莱州市平里店镇中心幼儿园　姜永梅

大班

茶香飘飘

领　　域：科学

适合年龄：大班

一、设计意图

幼儿的科学活动是激发幼儿的观察认识、探究欲望，帮助幼儿学习运用观察、比较等方法进行探索的活动。选择"茶"这个主题，是因为茶叶历史悠久，饮茶是我国的传统文化，有着很深的文化底蕴，特别是现在幼儿喝的大多是碳酸饮料，对茶知识的了解极少，于是我设计了"茶香飘飘"这个教学活动，其目的是在于让幼儿了解几种常见茶，知道茶叶的用途，并且在设置的意境中感受茶文化，体会茶文化的意境美。

二、活动目标

1. 认识几种常见茶，知道茶叶的用途。
2. 了解乌龙茶的冲泡方法及茶叶的制作过程。
3. 感受我国茶文化，体会茶文化的意境美。

活动重点：认识几种常见茶，知道茶叶的用途。

活动难点：了解乌龙茶的冲泡方法，感受中国茶文化。

三、活动准备

1. 茶叶（绿茶、红茶、乌龙茶）、茶点（茶饼干、茶鸡蛋等）、茶饮料（奶茶、冰红茶等）；
2. 茶具、玻璃茶壶、开水壶、盘子；

3. 古典音乐。

四、活动过程

（一）布置茶馆场景，引起幼儿兴趣

1. 引导幼儿融入活动

师：我最近开了一间"茶馆"，欢迎大家来做客。

评析：营造茶文化的氛围，让幼儿感受"茶"的魅力，引起幼儿的兴趣，充分调动幼儿的积极性。将音乐融入其中，使教学的形式变得很生活化，让幼儿体验茶文化所传递的意境美。

2. 认识几种常见茶

师：桌子上有哪些茶？认识吗？绿茶是什么样子？红茶呢？它们一样吗？有什么区别？乌龙茶又是什么样子？除了颜色不同，还有什么不同？

评析：绿茶是成品茶之一，是指采取茶树的新叶或芽，未经发酵，经杀青、揉捻、干燥等工序而制成的饮品。其制成品的色泽和冲泡后的茶汤较多地保存了鲜茶叶的绿色格调。红茶也是成品茶之一，是一种全发酵茶，是经萎凋、揉捻、发酵、干燥等工序制成。比绿茶多了一个发酵过程，而发酵是指茶叶在空气中氧化的过程。乌龙茶是成品青茶之一，半发酵茶，兼有红茶的醇厚和绿茶的清香，透明的琥珀色茶汤是其特色。最能体现中国茶文化特色的就是乌龙茶，因为乌龙茶的品尝比较讲究，冲泡也比较费工夫，又被人们称为"工夫茶"。

3. 引导幼儿观察、讲述

评析：幼儿通过观察、对比认识了不同种类的茶，对绿茶、红茶、乌龙茶有了初步的了解。

（二）欣赏茶艺表演，感受中国的茶文化

1. 介绍茶具及用途。

2. 教师演示冲泡茶的步骤。

冲泡步骤：温杯→装茶→洗茶→冲泡→润茶→倒茶→品茶。

3. 教师介绍如何品茶。

轻轻端起茶杯，看茶汤颜色，闻茶汤味道，抿一小口，品出茶香味。

4.幼儿品尝三种茶，并了解三种茶的制作过程。

师：先看一看乌龙茶是怎样制作的？红茶和乌龙茶的制作方法一样吗？绿茶呢？

5.小结：三种茶的味道不同，制作过程也不同。

评析：幼儿欣赏教师冲泡乌龙茶，学习品茶方法并了解茶的制作过程，感受茶文化的意境美。

（三）知道茶叶的用途

1.引导幼儿的观察桌子上的茶点、茶饮。

师：桌子上有什么？知道它们是用什么制作的吗？

2.幼儿观察讲述。

3.小结：这些茶点和茶饮料都含有茶叶的成分。

4.品尝茶点，知道茶叶的其他用途。

师：茶叶除了能喝和做成点心，还有什么用途？

5.幼儿大胆猜测。

6.观看多媒体课件，知道茶叶的其他用途。

茶叶有很好的医疗效用，可以防治内、外、妇、儿等科的很多病症，也具有降压、提神、保健、养生的作用。

评析：通过品尝茶点，引导幼儿大胆猜测茶叶的用途，大大地激发了幼儿的积极性，幼儿在轻松、愉快的氛围中大胆猜测，发挥想象力，从而发展了幼儿的思维。

（四）活动延伸

在下次的活动中组织幼儿用茶叶制作茶点。

五、活动反思

大班幼儿见过茶叶，但并不了解，更没有机会去亲自体验茶文化的魅力。本次活动从引导幼儿认识茶叶、泡茶、品茶、了解茶作用几个点入手，充分发掘幼儿的主动性，让幼儿运用多种感官亲身体验中国传统的茶文化。

整个活动以参观"茶馆"为主线,使幼儿能够积极、主动地投入角色。在我的引导下,幼儿观察、品尝、讨论、交流,不知不觉地学习了有关茶的知识,并透过美妙的古典音乐,体验到茶文化的魅力所在。在活动中,教师能以引导者的角色,带领幼儿由浅入深、有层次地体验茶文化。

活动开始是让幼儿参观"茶馆"引起幼儿兴趣,并导入活动。在观察认识不同种类的茶叶环节中,幼儿积极性很高,但是在观察茶叶时,部分幼儿把茶叶吹起来,显得较为混乱。在第二个环节中,由于幼儿平时接触茶文化的机会较少,幼儿表现出强烈的兴趣,通过欣赏教师冲泡乌龙茶,学习品茶的方法以及了解不同种类茶叶的制作过程中,感受到了中国茶文化的意境美。但是在教学过程中,教师的教学应变能力有所欠缺,对于幼儿"抛"来的问题,没有很好地引导,只是简单小结,草草收场。如果教师能及时抓住问题,加以引导,效果会更好。而在第三个环节中,通过品尝茶点,引导幼儿大胆猜测茶叶的用途,则大大激发了幼儿的积极性,较好地达到了预期目标。

安徽省合肥市滨湖启明星幼儿园　梁婷

泡泡印画

领　　域：艺术

适合年龄：大班

一、设计思路

小朋友都喜欢吹泡泡，那么美术课程若与吹泡泡相结合，自然能引起小朋友们的兴趣。"泡泡印画"活动让幼儿在动手操作中运用自己已有的知识和经验大胆想象，在愉快、轻松、自由的氛围中发展他们的创新思维，并能够感受和体验到泡泡印画的乐趣。

二、活动目标

1. 知道绘画有多种表达手法，尝试利用泡泡的印记作画。
2. 发展幼儿的想象力，体验不同作画方式的乐趣。
3. 培养幼儿的发散思维能力以及创新能力。

活动重点：运用泡泡的印记完成画作，体验泡泡印画的乐趣。

活动难点：活动过程中，幼儿发挥想象力，大胆创作，画面要灵活、不拘束。

三、活动准备

1. 课件、印画视频；
2. 各种颜色洗洁精水、纸杯、吸管、胶棒、剪好的叶片、深浅绿色水彩笔、签字笔、范画；
3. 幼儿有玩泡泡游戏的经验。

四、活动过程

（一）激发幼儿的兴趣，导入

吹泡泡游戏导入，带幼儿玩接泡泡游戏，引起幼儿兴趣。

1. 师：现在老师来吹泡泡，你们试试看用小手能不能把这美丽的泡泡接住？（教师吹泡泡吸引幼儿注意力，幼儿主动接泡泡）

2. 师：刚才你们接住泡泡了吗？泡泡在哪里呀？（引导幼儿说出泡泡不见了）

3. 师：这些美丽的泡泡停留的时间太短了，小朋友的小手刚碰到泡泡，泡泡就破了，不见了，真可惜。小朋友能想个办法把这美丽的泡泡留住吗？

（幼儿讨论，教师肯定幼儿的讨论结果：比如画下来，或者用拍照的方法留住泡泡……）

师：老师周末去公园，见到了一种非常漂亮的花，老师就拍下了照片带给小朋友来看看。

（二）展开

出示绣球花照片。

师：这是什么花，有小朋友知道吗？

它是绣球花，代表着幸福美满。

（展示绘画的多种表达手法）出示水彩画→国画→绣画→泡泡印画。

师：一样的绣球花原来可以用这么多种形式来表现。

小朋友们看出最后一幅绣球花是怎么制作的了吗？对，是在玩泡泡的过程中，运用泡泡的印记来完成的一幅绣球花画作。

下面老师就教给小朋友用这种既简单又好玩的方法来创作绣球花画作。

1. 教师出示作画材料。

2. 教师示范作画步骤。

（1）拿吸管轻轻地吹出许多泡泡（吸管要高出杯口），双手拿好画纸，把画纸中间放在泡泡的上方去吸泡泡，当泡泡被吸到画纸上破裂的时候，

就会在画纸上留下印记。（提醒幼儿注意不要碰到杯子的边缘）

师幼互动，启发提问：绣球花漂亮吗？哪个位置还可以再印一朵绣球花？再用吸管轻轻吹出许多泡泡，把画纸拿来，重复之前的动作，又一个绣球花出现了，重复动作，三朵绣球花完成。（小朋友可以选择不同的颜色放在一张画纸上，这样画面更丰富、更饱满）

（2）绣球花已经好了，下面可以进行装饰了。

第一步：彩笔添画花茎、叶子、叶脉。

用绿色彩笔来画曲线（花茎），描粗一点（可用点点进行装饰），花茎上画对称的叶子（不同深浅的绿色叶子搭配，代表他们远近距离不一样）。幼儿也可按照自己想表达的叶子形状在不同方向画上叶子。

互动提问：谁能说说见过的叶子形状都是什么样子的？

提示幼儿：小朋友可以去画自己想要表达的叶子的形状，不一定非和老师画的一样，鼓励幼儿创作自己的画面。

第二步：粘贴叶片。

把剪好的叶子贴在绣球花旁边作衬托，突出一种立体感。

（3）用签字笔画叶脉。

互动提问：小朋友们喜欢什么图形？擅长画什么图形？（直线、波浪线、蜗牛线、圆形、三角形、心形等）

鼓励幼儿发挥想象，大胆创作。

3. 请幼儿作画，教师巡回指导。

（1）帮助幼儿掌握泡泡印画的技巧，鼓励幼儿大胆作画。

（2）提醒幼儿为了让画面更丰富饱满，可多次在同一地方印，花有大有小，可以用不同颜色吹出的泡泡来印画。

（3）提醒幼儿注意卫生，不要把染色的泡泡吸入嘴中。

（三）结束

先画完的幼儿可以自由地把自己的作品放在展览角中进行展示，并小声地互相谈论和评议，也可以请幼儿欣赏别人的作品，挑出自己最喜欢的作品介绍给大家。

五、活动反思

本次活动是抓住幼儿喜欢吹泡泡的兴趣点而开展的一堂泡泡印画活动，让幼儿在吹吹、玩玩、画画中体验美术活动的无穷乐趣，引发幼儿审美情感，培养幼儿创新意识。其中，尤为看重幼儿的动手实践能力和创新能力的培养。

《幼儿园教育指导纲要（试行）》明确指出，幼儿创作过程和作品，是他们表达自己认识和情感的重要方式，应支持幼儿富有个性和创造性的表达，克服过分强调技能技巧和标准化要求的倾向。在示范印画过程中，尽量用简练易懂的语言帮助幼儿掌握印画的简单技巧，而不要直接给幼儿示范花径叶子的画法，否则会束缚幼儿的小手和大脑，阻碍其想象力和创造力的发展。因为美术活动对于幼儿来说既是学习，也是一种思维创造的实践活动。

从全体幼儿的课堂表现来看，幼儿们参与活动的主动性、积极性被有效激发，注意力比较专注和投入。从作品上来看，在自主操作活动中，个别幼儿的作品独具魅力，如泡泡的重叠、大泡泡包住小泡泡，以及不同颜色泡泡的交替。

山东省济南市南辛庄小学实验幼儿园　刘芝

猜谜编谜

领 域：语言

适合年龄：大班

一、设计意图

猜谜是一种有趣的智力游戏，大人小孩都很喜欢。我在对幼儿的教学中发现，幼儿在猜谜活动中存在着两种截然不同的情形，有的幼儿的思维活动处于积极、主动的状态，他们会顺着谜面提供的思路展开想象、联想，寻找出谜底，当他们通过自己的思考找对了谜底时，脸上流露出胜利的喜悦，对猜谜也会越猜越有兴趣。而有的幼儿却处于被动、盲目的状态，他们不会留心谜面的含意，不假思索地乱猜，所猜的谜底与谜面毫不相干，由于多次猜不中，情绪便低落，注意力也开始转移。显然，前者已理解了什么是谜语，懂得了怎样猜谜，在这个基础上，可以提出进一步的要求，根据事物的各种特征来编谜；而后者却对谜语及猜谜活动仍似懂非懂，未曾入门，在猜谜的过程中，要帮助幼儿并和幼儿一起分析谜面的结构和特点。

选择这一活动，是因为它给幼儿的语言表达空间比较大，幼儿说的机会多，而大班幼儿思维十分活跃，抽象思维已出现萌芽，有十分强烈的探索欲望和表现欲，编谜活动可促进幼儿的语言概括能力和逻辑思维能力的发展。

二、活动目标

1．了解谜面与谜底的关系，能够根据事物的特征和用途，编出谜面。
2．感受与同伴猜谜、编谜的快乐。

活动重点：能够根据事物的特征和用途，编出谜面。

活动难点：了解谜面与谜底的关系，感受与同伴猜谜、编谜的快乐。

三、活动准备

谜语图片（包括猜谜的图片和编谜的图片）。

四、活动过程

（一）猜谜语，发现谜面特点

1. 引题

师：今天，老师带来了很多谜语，我们一起来猜谜吧。

2. 逐句解读谜面，幼儿集体猜谜

（1）青蛙

第一句：捉虫能手就是它。

师：猜猜看它有可能是什么？为什么？还有谁也会捉虫？谁还有不同意见？

幼1：啄木鸟。

幼2：小鸡。

幼3：蜘蛛。

幼4：青蛙。

幼5：壁虎。

第二句：大眼睛，阔嘴巴。

师：你是从哪里猜出来的？谁还有不同意见？

幼：青蛙，青蛙的嘴巴大。

第三句：呱呱呱爱说话。

师：到底是不是青蛙，我们来验证一下，看第三个信息。

幼：是青蛙。

师：你是怎样一步步猜出来的？

小结：你们找到了谜面中藏着的本领、外形、声音信息，猜谜时，要把很多信息放在一起考虑，才能得出正确答案。

（2）石榴

第一句：甜丝丝来酸溜溜。

师：猜猜看它有可能是什么？为什么？还有什么吃起来也是甜丝丝、酸溜溜的？谁还有不同意见？

幼1：苹果。

幼2：石榴。

幼3：棒棒糖。

幼4：橘子。

第二句：颗颗珍珠有骨头，不能穿来不能戴。

师：你是怎么猜出来的？谁还有不同意见？

幼1：石榴。

幼2：葡萄。

第三句：黄皮包着红珍珠。

师：到底谁猜对了？我们看看最后一个信息。

幼：石榴。

师：你是怎样一步步猜出来的？

3. 引导幼儿发现谜面包含的信息

小结：谜面的内容包含了谜底的明显特征，比如颜色、形状、作用，但不能直接说出谜语的答案。

评析：此环节主要通过逐句猜两个谜语，帮助幼儿分析谜面的特点。第一个是有关动物的谜语，引导幼儿从谜面中找出动物的主要特征，从本领、外形、声音三个信息中逐步得到答案；第二个是有关水果的谜语，引导幼儿找出水果的主要特征，从味道、形状、颜色三个信息中找出谜底。在猜谜的过程中，引导幼儿将所有信息综合起来考虑，才能得出正确答案，也为后面的编谜打下了基础。

（二）了解谜面语言结构，尝试编谜语

1. 集体念谜面，感受谜面的语言结构

小结：谜面的句子像一首儿歌一样短小、整齐、有节奏。

2. 提醒编谜规则，尝试编谜

出示兔子图片，引导幼儿分析特征，集体编谜。

小结： 原来编谜语一点儿也不难，只要用简练的话说出事物的特点，说得顺口一些，就是谜语。

评析： 此环节是通过文字让幼儿掌握谜面的语言结构，知道句式短小、整齐、有节奏，像念歌谣一样朗朗上口。

（三）分组编谜

1. 教师讲述编谜规则。
2. 幼儿三人一组，分组编谜。

评析： 此环节采用分组编谜的形式，同伴之间可以互助、互补，合作编一首完整的谜语，教师则引导幼儿将口语化的语言进行修饰、完善，使幼儿的语言能力得以提升。

（四）延伸活动

在语言区域中投放各类幼儿熟悉的图片，供幼儿猜谜、编谜。

五、活动反思

第一部分是猜谜语环节，我选择了青蛙和石榴这两个比较有特点的谜语。在出示谜面的过程中，原来是直接出示整个谜面，幼儿马上就猜出来了，后来改成了逐句出示，可以让幼儿有多一些时间享受猜的过程和乐趣，开拓思维，展开丰富的联想。从谜面中提取的信息是再现幼儿猜谜的思维过程，幼儿猜谜时的思维是只考虑眼前，有了一个新的信息就把前一个信息忘了，教师要重点引导幼儿将几个信息综合起来考虑。对于回应比较弱的幼儿，教师要及时引导，当幼儿回答错时，教师要提出质疑，引导幼儿根据信息特征去判断。

第二部分是了解谜面的语言结构，这个环节比较难引导，活动中有些不足，应该在完整朗读前两个谜面后，与幼儿讨论句子的结构，让幼儿先动脑筋思考，然后教师再进行总结，这样会加深幼儿的理解。

第三部分是分组编谜，此环节最开始有些不顺利，因为有的小组成员人数较多，有的较少，会出现争抢发言的情况，后来改为三人一组，小组内幼儿的能力不同，利用同伴互助、互补，以强带弱的方式，逐渐让幼儿进入状态。

浙江省杭州市东城第四幼儿园　唐娟

我做哥哥了

领　　域：社会

适合年龄：大班

一、设计意图

自两孩政策全面放开后，很多独生子女家庭又增加了"新成员"——二宝。二宝的到来，给原本集宠爱于一身的独生子女带来了不小的心理冲击。他们在为自己"晋升"为哥哥姐姐高兴的同时，都会或多或少地产生失落感，担心爸爸妈妈的爱会被弟弟妹妹夺去，甚至有一些独占意识比较强的幼儿，不愿意跟弟弟妹妹分享父母的爱。这些既高兴又焦虑，既喜悦又无助的心理变化，其实是幼儿一种矛盾情感的心理变化过程。这种矛盾的情感，很难和幼儿解释清楚，需要成人及时地用行动和多种方法进行疏导，打开幼儿的心结，消除顾虑，以积极的心态体验做哥哥姐姐的快乐。

绘本《我做哥哥了》讲述了猫哥哥拥有了弟弟妹妹们后遭遇的麻烦事。猫哥哥内心抵触做哥哥，然而，每个关键时刻，它都挺身而出保护弟弟妹妹们，表现出一个做哥哥的责任和担当。通过猫哥哥的心理变化，可以给幼儿一次心灵的碰撞，感受做哥哥、姐姐的责任，体验其中的快乐，从而培养幼儿初步的责任意识。

二、活动目标

1. 理解故事内容，仔细倾听并能大胆地表达自己对画面的理解。
2. 通过阅读画面，了解猫哥哥从不开心到开心的心理变化过程。
3. 用"画语"分享、感受做哥哥姐姐的快乐。

活动重点：通过阅读画面，了解猫哥哥从不开心到开心的心理变化过程。

活动难点：理解故事内容，仔细倾听并能大胆地表达自己对画面的理解。

三、活动准备

1. PPT课件、《我做哥哥了》绘本。

2. 幼儿人手一份水彩笔、白纸。

四、活动过程

（一）谈话交流，初步感受做哥哥姐姐的心情

师：小朋友们，小班、中班的小朋友叫你们什么呀？

幼：哥哥姐姐。

师：我们班上有谁在家做哥哥姐姐了？

幼：妈妈上个月给我生了个妹妹，我做姐姐啦。

幼：妈妈肚子里怀了个小宝宝，我快做哥哥了。

师：哦，恭喜你们当哥哥姐姐了，那做哥哥姐姐心情怎么样呢？

幼：我真高兴，每天放学都要先逗逗小妹妹玩。

幼：我喜欢小弟弟，我有好吃的都会分享给弟弟先吃。

幼：我妈妈每天都陪着弟弟睡觉，我一点儿也不开心。

师：刚才我们班上做了哥哥姐姐的小朋友说了做哥哥姐姐的感受，有的很开心，因为有弟弟或妹妹陪着玩了；有的小朋友并不开心，因为妈妈忙着照顾小弟弟、小妹妹，感觉妈妈好像没有以前爱自己了。

评析：此环节通过谈话，让幼儿充分表达当哥哥姐姐的内心感受，教师对于幼儿当哥哥、姐姐的感受不要给予评价，鼓励幼儿真实地表达自己内心的想法。

（二）自主阅读绘本，理解故事内容

1. 阅读封面

师：今天，老师给你们带来了一本绘本，看看封面上画的是谁？

幼：是小猫。

师：我们一起来读一遍故事的名称。

师：小猫做哥哥了，它开心吗？

幼：不开心。

师：你从画面哪里看出来它不开心呢？

幼：它的耳朵是耷拉下来的。

幼：它的胡子、眉毛都是向下的。

师：你们观察得真仔细，那你不高兴的时候是什么样子的？做给大家看看。

评析：引导幼儿观察小猫的表情，并结合自己不开心时的表情进行大胆猜想。

2.阅读绘本第1～3页，了解小猫哥哥不开心的原因

师：猫妈妈生了五只小宝宝，小猫做哥哥了。妈妈总是忙着照顾弟弟妹妹，小猫觉得妈妈好像不如从前那样喜欢自己了。

师：小猫为什么会不高兴呢？它心里是怎么想的？

幼：它心里觉得真没劲，要是没有弟弟妹妹就好了。

师：猫妈妈是真的不喜欢它了吗？我们接着往下看。

评析：自从猫妈妈生了弟弟妹妹后，小猫的心理是矛盾、复杂的，这种心理状态也引发了幼儿的心理共鸣，从而他们很想知道故事后面的情节。

3.阅读绘本第4～5页，感受小猫对弟弟妹妹的反感情绪

师：弟弟妹妹一天一天长大了。一天，猫妈妈让小猫带弟弟妹妹出去散步。

师：小猫能带好弟弟妹妹吗？为什么？

幼：不能，因为它不喜欢弟弟妹妹们。

幼：它背着手只顾自己往前走，不管身后的弟弟妹妹。

师：你们看得真仔细，小猫很不情愿地带着弟弟妹妹散步去了。

4.阅读绘本第6～12页，第一次感受小猫的心理变化过程

师：它把弟弟妹妹带到了大树下，心想着把它们甩掉，它真的会甩掉

弟弟妹妹吗？

幼：会的，它感觉这群弟弟妹妹太麻烦了。

师：小猫爬到大树上躲起来，弟弟妹妹们也要爬树，它们爬上树后发生了什么事？

幼：他们害怕了。

师：你怎么知道他们害怕了？

幼：我看到他们嘴巴张得大大的，好像在哭。

幼：我看到他们紧紧地抱着树枝，好像在喊哥哥。

师：你们想想看，哥哥会救弟弟妹妹们吗？为什么？

幼：会的，因为它是哥哥。

师：对的，它和你们的想法是一样的，然后它把弟弟妹妹们一个一个从树上背了下来。

5. 阅读第13～16页，第二次感受小猫的心理变化过程

师：小猫带着弟弟妹妹继续往前走，前面有一只大狼，猜猜看，它把弟弟妹妹们送给大狼了吗？为什么？

幼：不会把弟弟妹妹送给大狼，因为它舍不得。

6. 阅读第17～21页，第三次感受小猫的心理变化过程

师：它们经过一座小木桥，河水好深呀，胆小的弟弟妹妹们走得很慢，哥哥心想赶快跑过小桥逃走，把弟弟妹妹留下。你们说说，这时，弟弟妹妹们会怎么样？

幼：弟弟妹妹们在小桥上害怕得哭了起来。

幼：我看到它们嘴巴张得大大的，在喊哥哥。

师：小猫看到弟弟妹妹们哭了，它会怎么办？为什么？

幼：它会救它们的，因为前两次看到弟弟妹妹们有危险它都救了。

师：是的，它觉得弟弟妹妹掉到河里会淹死的，于是，它又跑了回去。那么它是用什么办法帮助弟弟妹妹的？

幼：让弟弟妹妹紧紧抓住它，一步一步走过独木桥。

评析：经历了一波三折的事件，让小猫在开始的愁肠百结的矛盾心理中

做出各种抉择，每次遇到危险时，看到弟弟妹妹们信任和依赖的神情，它最终幡然悔悟，承担了照顾弟弟妹妹的责任。这些环节通过教师的分段讲述和幼儿的情节猜想，不断让幼儿用自己的内心和小猫的内心进行心灵碰撞，增强当哥哥、姐姐的责任意识。

7. 阅读第22～25页，第四次感受小猫的心理变化

师：小猫带着弟弟妹妹回到家，妈妈在门口着急地等着它们，弟弟妹妹见到妈妈都纷纷夸赞哥哥能干。听了弟弟妹妹的话，妈妈会怎样夸赞它？

幼：说它是一个好哥哥！

师：小猫听了弟弟妹妹和妈妈的夸赞，很高兴，感觉做哥哥也很有趣。

评析：这个环节主要是让小猫真正体会到妈妈是爱它的，而且通过它的努力，妈妈更加喜欢它了。通过故事情节也让幼儿逐渐懂得爱是可以分享的。

（三）结合PPT，完整地把故事边听边看一遍

师：故事听完了，说说你做哥哥姐姐应该怎样爱护弟弟、妹妹们呢？

幼：我和他一起玩，我们共同分享好吃的。

幼：我带她画画、做游戏。

……

师：刚才小朋友们说了这么多做法去爱弟弟妹妹，现在我们就把它画下来，然后分享给大家。

（四）童心画语，幼儿结合心理感受，用图画的形式表达爱

评析：幼儿在成长的过程中，会出现不良的情绪和懈怠的心理。这个环节主要让幼儿通过故事中的主人公找回善良，重获自信的经历，通过"画语"的形式表达出来，实现幼儿"睁大眼睛看世界，闭上眼睛想世界，拿起画笔画世界，用语言文字描述世界和表达情感"的目的，这也正是幼儿自我认识、自我修正的心路历程。

五、活动反思

《3—6岁儿童学习与发展指南》"语言"领域中提出，鼓励幼儿将自己感兴趣的事情或故事画下来并讲给别人听，让幼儿体会写写画画的方式

大班

可以表达自己的想法和情感。基于此教育建议，我在绘本阅读教学中，注重让幼儿随着故事情节的跌宕起伏，引导幼儿通过阅读、观察、想象、交流等教学方法，体验猫哥哥的心路历程，从而延伸到引导幼儿感悟自己如果做哥哥姐姐了应该怎样爱护弟弟妹妹，并将自己的爱用图画的形式表达出来，并与同伴分享。

安徽省蚌埠市陆军装甲兵学院蚌埠校区幼儿园　王京丽

快快起床

领　　域：艺术

适合年龄：大班

一、设计意图

大班的幼儿就要迈进小学的大门，小学对于他们来说是一个既陌生又向往的地方。面对将要走进小学的大班幼儿，教师有责任帮助他们从身心的发展等各方面做好充分的思想准备，为他们升入小学做好衔接，让幼儿能够自己发现不良的习惯并及时纠正。如经常迟到的幼儿如果不能养成良好的作息习惯，也会由于迟到影响、打扰他人。其实，大班的幼儿已经具有了时间概念，本次活动的目的就是为了帮助幼儿顺利做好升学衔接，使他们养成良好的习惯，从被动变为主动，不仅自己能够按时起床，而且还能做一个守时的"小闹钟"，提醒他人守时。

二、活动目标

1.能够安静地倾听音乐，发现音乐中三拍后闹铃声音出现的规律。

2.会用打击乐器表现闹钟音乐行走的声音和闹铃的铃声。

3.感受歌曲带来的积极、快乐的情绪。

活动重点：会用打击乐器表现闹钟音乐行走的声音和闹铃的铃声。

活动难点：发现音乐中三拍后闹铃声音出现的规律。

三、活动准备

1.乐器筐；

2. 打击乐器（手摇铃、响板）；

3. 黑板、小闹钟、卡纸、记号笔；

4. 小动物毛绒玩具（小鸡、小兔、小狗）、宠物筐；

5.《两只老虎》MP3、"Waiting/Jumping/Running"（《等待/跳跃/奔跑》）MP3、小闹钟嘀嗒走的音效 MP3、奥尔夫音乐《闹铃响》MP3、《快起床》MP3。

四、活动过程

（一）热身活动，引发幼儿参与活动的兴趣

1. 播放《两只老虎》音乐，幼儿跟音乐旋律边做动作边坐到座位。

2. 播放"Waiting/Jumping/Running"音乐，幼儿边跟着旋律唱边做手指游戏。

（二）感知音乐，发现规律

1. 请幼儿猜谜语：圆圆脸，站桌上，肚里声音嘀嗒响，叮铃叮铃声声响，天天催人快起床。

2. 神秘出示小闹钟，请幼儿用身体模仿小闹钟"嘀嗒"走的样子；播放闹钟"嘀嗒"走的音效，鼓励幼儿大胆创编动作。

3. 引发幼儿思考：小闹钟除了能够"嘀嗒"走以外，还能够干什么？小闹铃会发出怎样的声音？

4. 播放奥尔夫音乐《闹铃响》，鼓励幼儿倾听，在音乐里听到了什么？音乐里的"叮铃铃"是什么时候出现的？

5. 播放奥尔夫音乐《闹铃响》，教师边播放音乐，边用笔在卡纸上画出图谱。

6. 请幼儿根据教师画出的图谱，找出哪里是"叮铃铃"的声音，鼓励幼儿发现规律。师幼跟着音乐徒手练习节奏：× × × ~|× × × ~|。

（三）尝试用乐器表现音乐节奏

1. 出示乐器筐，依次神秘出示两种不同乐器——响板、手摇铃；组织幼儿讨论：哪种声音适合小闹钟"嘀嗒嘀嗒"走的声音？哪种乐器适合小

闹铃"叮铃铃"响的声音？

2.幼儿分成两组，自主选择响板和手摇铃乐器。播放奥尔夫《闹铃响》音乐，请幼儿根据自己选择的打击乐器给音乐伴奏。第二遍幼儿相互交换乐器，体验不同打击乐器的伴奏规律。（伴奏结束后，请幼儿把打击乐放在自己的小椅子下边）

3.引发幼儿思考：小闹钟为什么会发出"叮铃铃"的声音。（叫人起床）

（四）创设情境，引导幼儿学会看图谱记忆歌词

1.设置情境：有几个小动物想到幼儿园和小朋友们一起玩游戏，可是有几个小朋友在睡懒觉，怎么也叫不醒，我们学一学闹铃叫他们起床，好吗？

2.播放《快起床》MP3，幼儿倾听，引发幼儿回忆：想一想刚刚我们唱的这首歌曲的旋律，你们熟悉吗？请幼儿回忆活动开始时的音乐《两只老虎》及"Waiting/Jumping/Running"，区别歌曲之间的不同之处。

3.播放《快起床》，教师画出图谱，请幼儿根据图谱记忆歌词：我相信小朋友看着图谱很快就能学会这首歌，现在，我们一起来叫睡懒觉的动物宝宝们起床吧。

4.出示宠物筐，请幼儿跟随音乐《快起床》利用打击乐器边唱边喊睡懒觉的小动物（小鸡、小兔、小狗）起床，被叫醒的小动物坐到小朋友的座位旁边。

（五）活动小结，启发幼儿珍惜时间

早晨，小朋友们在家的时候是怎样起床的？是爸爸妈妈叫你起床？还是你的小闹钟叫你起床呢？我们马上就要上小学了，希望小朋友们从现在起，做一个早睡早起的好宝宝，每天按时起床、按时上学，将来做一名珍惜时间的小学生。

"一寸光阴一寸金，寸金难买寸光阴"，那么我们用这首好听的起床音乐，去叫醒那些不按时起床的人吧。播放《起床歌》，幼儿手持打击乐器，跟着音乐边唱边进行伴奏。

（六）拓展延伸，鼓励幼儿创意表达

引导幼儿去找一找除了小闹钟，还有什么物品可以叫人起床。

小朋友们，如果让你来编辑一段闹铃的音乐，你会做成什么样子呢？

（引导幼儿关注和发现生活中一些可以利用的物品，激发幼儿创作的欲望）

五、活动反思

本活动由《两只老虎》音乐带领幼儿进入活动，《快起床》是一首幼儿非常熟悉的乐曲，引用的是《两只老虎》的曲调。当教师唱出《两只老虎》为主要旋律的《快起床》歌曲时，通过提问"这首歌让你想到了什么"，协助幼儿回忆学过的内容，帮助幼儿通过图谱理解歌词内容。幼儿伴着熟悉的旋律，能够非常愉快、积极地进行演唱，并去体会催促人起床的感觉，感受成功的快乐。

通过倾听感知音乐节奏，是本活动的难点，但通过图谱的展示，幼儿能够轻松地发现其规律，并熟练地运用打击乐来表现"小闹铃"的响声，让幼儿在轻松的氛围中感受"玩"音乐的乐趣。

河北省保定市定兴县幼儿园　王美丽

去小熊家做客

领　　域：数学

适合年龄：大班

一、设计意图

有规律排序是幼儿大班上学期数学认知的教学内容。在日常生活中，幼儿会接触到许多按规律排列的物体。例如：彩旗、拉花、衣裤上的花边等。大班幼儿对按照规律排序的兴趣非常浓厚，在游戏时常常会按颜色或形状有规律地用间隔排列的方法穿木珠、玩积木、拼搭玩具等。《3—6岁儿童学习与发展指南》"科学"领域中指出，鼓励幼儿发现事物简单的排列规律，并尝试创造新的排列规律。基于此，我设计了本次活动，目的是帮助幼儿将已有的经验加以统合、整理，使其对规律排序的认识提升到一个新的层次。

二、活动目标

1. 通过观察、猜测、推理，发现物体的排序规律，并尝试用不同材料和方法设计规律性图案。

2. 培养幼儿思维的多样性，初步感知数学中的规律美。

活动重点：发现物体的排列规律。

活动难点：能按照 ABC、AAB、ABBC、AABBCC 规律设计图案。

三、活动准备

1. 课件 PPT 与相关图片；

2. 幼儿操作材料：信封、图贴、固体胶等；

3.进场时拍手游戏的音乐。

四、活动过程

（一）播放拍手游戏的音乐，幼儿进入活动室

幼儿随着拍手游戏的音乐，顺序进入活动室就座。

（二）基本部分

1.出示情境课件，以故事内容导入，激发幼儿兴趣

师：小熊家的水果丰收啦！它想请它的朋友们来家里玩。小熊分别给朋友们寄了一封信，请它们按照信封里的路线图找到小熊的家。

2.借助故事情节感知规律，引导幼儿发现并讲述其中的排序规律

（1）出示袋鼠的路线图。请幼儿看看、想想袋鼠该按什么样的路线规律去小熊家；引导幼儿感知并学习 ABC 的排列规律。

师：这条路的排列规律是什么？几个图形重复排列？重复了几组？

（2）出示小猪的路线图。引导幼儿观察、感知小猪是按什么规律去小熊家的，并学习 AAB 的排列规律。

师：这条小路还缺什么形状的木块没铺上？

（3）出示小虎的路线图。引导幼儿观察、感知小虎是如何按 ABBC 的规律去小熊家的。

小结：小动物们按路线图都找到了小熊的家，他们在一起又吃又玩真快乐。

评析：随着故事情节的发展，由易到难层层递进。在小熊给小动物的邀请信中，让幼儿感知 ABC、AAB、ABBC 三种不同的排列规律。幼儿通过仔细观察，反复感知规律特点，充分调动了幼儿主动探索的积极性。

（三）幼儿操作，尝试按规律设计自己去小熊家的路线图

师：小朋友，你们想去小熊家玩吗？小熊给我们每个小朋友送来了一封信，请你按照信里的排序规律往下排一排、贴一贴。

1．幼儿操作，教师巡回指导。

2．展示三组不同的路线图，共同检查并说出其中的排列规律。

评析：幼儿通过动手操作活动，在进一步感知物体排列规律的同时，培养了幼儿的合作能力，提高了活动的趣味性。

（四）游戏

男孩女孩排排队，一起去到小熊家做客，在快乐的游戏活动中复习巩固按规律排序的知识与经验。

（1）让幼儿按一个男孩两个女孩的排列规律站队。

（2）让幼儿按"走走跳跳蹲"的规律走路。

（3）帮助小熊按规律排列食物及玩具。

评析：有趣的游戏活动给幼儿提供了自由设计规律的空间，并培养了幼儿细致地观察、判断和分析的能力，提高了幼儿在游戏中的分享、合作、交流的能力。教师带领幼儿欣赏生活中的排序现象，引导幼儿发现生活中的规律美。

（五）结束部分

大家分别与小熊道别，活动结束。

五、活动反思

活动中我力求"主动参与，积极思考，合作发现，体验成功，和谐发展"的教学理念，充分发挥幼儿的主体作用，根据大班幼儿的发展水平，创设了"去维尼熊家做客"的游戏情境。引导幼儿在"观察小动物路线图、自己设计路线图、有规律地排队走路、帮助小熊客人排食物和玩具"的活动环节中，通过多媒体演示、动手操作，引导幼儿积极思考。幼儿在观察、比较、思考、判断并通过个体操作和小组合作中，主动探索和体验各种不同的规律排序。真正培养和提高了幼儿的观察比较能力、判断推理能力和逻辑思维能力。

《幼儿园教育指导纲要（试行）》指出，幼儿园的教育内容是全面的、启蒙性的；各领域的内容相互渗透，从不同的角度促进幼儿情感、态度、能力、知识、技能等方面的发展。在活动中我注重语言领域和科学领域的整合，让幼儿在阅读绘本中学习数学规律，教学形式生动有趣，幼儿学习兴趣高涨。

湖北省宜昌市兴山县县直幼儿园　王晓芸

圈里有几个

领　　域：数学

适合年龄：大班

一、设计意图

幼儿园以游戏为基本活动，在玩套圈游戏时，幼儿们有时会同时套中同一个玩具，在计算两人各自套了几个玩具时，常会为同时套中的这个玩具到底应该归谁发生争执。于是，我设计了大班数学活动——"圈里有几个"，意在通过课件的演示和操作，引导幼儿学习用数学的方法解决问题，通过感知、实际操作和亲身体验，获得数学经验，理解集合的概念；再让幼儿将获得的有效经验运用到实际生活中去；感悟真正意义上的"生活数学"的理念——从生活中来，再到生活中去。

二、活动目标

1. 认识标记图，学习计算两圈交叉情况下圈内物体的数量。
2. 尝试看标记在圈内摆放相应数量的物体，初步学习逆向思维方式。
3. 体验解决问题的成就感和合作游戏的乐趣。

活动重点：认识标记图，学习计算两圈交叉情况下圈内物体的数量。

活动难点：尝试看标记在圈内摆放相应数量的物体，初步学习逆向思维方式。

三、活动准备

1. 课件 PPT；

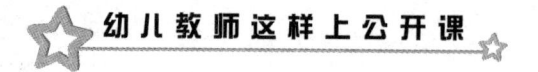

2. 呼啦圈、瓶宝宝、标记图、操作卡等。

四、活动过程

（一）游戏导入：玩套圈并看标记记录

1. 请1名幼儿玩套圈游戏。

师：你们都玩过套圈游戏吗？瞧，今天我带来了一些瓶宝宝，谁愿意来试一试？

评析：本环节牢牢抓住幼儿爱玩的特点，通过"套圈游戏"，给幼儿以直观的感受和亲身参与活动的机会，迅速激发了幼儿的兴趣。

2. 数一数，红圈和黄圈分别套中了几个瓶宝宝。

师：某某小朋友用红圈和黄圈分别套中了几个瓶宝宝呀？我们能不能把它记录下来呢？

3. 在黑板上出示标记图，请幼儿说说标记图的含义，并记录套圈游戏中套到的瓶宝宝的数量。

（1）观察标记图。

师：小朋友们看，这张标记图上有什么？

（2）理解标记图的含义。

师：问号是问我们什么呢？问号是问红圈和黄圈各套中了几个瓶宝宝。某某小朋友刚才玩套圈游戏的时候，红圈套中了几个瓶宝宝呀？（套中2个）在问号的位置写上数字2；黄圈套中几个呢？（套中3个）在问号的位置写上数字3。

评析：此环节是整个活动的基础部分，利用大班幼儿好问、求知欲强的特点，引导幼儿通过观察、发现、表达对标记图的理解来认识"标记图"，为整个活动做好铺垫。

（二）活动步骤

1. 设置两个圈同时套中一个瓶宝宝的情境，引导幼儿了解"公共部分"这个词组的含义。

（1）引入两个圈同时套中一个瓶宝宝的情境，引起幼儿的兴趣。

师：红圈和黄圈套中了同一个瓶宝宝，这个瓶宝宝该算谁套中的呢？

（2）教师利用PPT进行进行演练，幼儿更加直观地了解两圈的"交叉"情况。

师：红圈套中1个瓶宝宝，这时黄圈也套过来了，也套中了这个瓶宝宝，红圈和黄圈怎么样了？（它们交叉在一起）

（3）寻找"公共部分"。

师：现在瓶宝宝在什么地方呢？（中间）在哪两个圈的中间？（红圈和黄圈的中间）原来，这个"中间"是红圈和黄圈交叉的"公共部分"，让我们用小手来画一画，"公共部分"在哪里？

（4）理解"公共部分"。

师：这个瓶宝宝在不在红圈里呢？（它在红圈里）那它在不在黄圈里？（它也在黄圈里）这样的瓶宝宝有点特别，它既在红圈里也在黄圈里，它是在红圈和黄圈交叉的"公共部分"里。那这个瓶宝宝该算谁套中的呢？（这个瓶宝宝既算红圈套中的，也算黄圈套中的，所以在数红圈时要把它数进去，而在数黄圈时也要把它数进去）

（5）学习"公共部分"中物品的计数。

师：现在，红圈套中了几个瓶宝宝？那我们如何在标记图上进行记录呢？黄圈套中了几个瓶宝宝呢？如何记录？

评析：通过设置两圈同时套中瓶子的情境，在幼儿理解标记图的基础上，与幼儿共同探讨"公共部分"里的瓶子属于谁，并且学习如何计数。

2.学习计算两圈交叉情况下圈中瓶宝宝的数量。

（1）初步学习计算两圈交叉情况下圈中瓶宝宝的数量。

师：请小朋友仔细看，这种情况下，红圈和黄圈分别套中了几个瓶宝宝呢？

（2）个别幼儿回答。

（3）在检查的环节中引入与"公共部分"相对应的"其他地方"，引导幼儿真正学会计数。

评析：在幼儿初步理解"公共部分"的含义下，引入与之相对应的"其他地方"的含义，引导幼儿根据两圈相交的实际情况，进行简单的计数。

3. 操作活动：兔宝宝站圈。

个别幼儿操作。（3只小兔来站圈）

师：套圈游戏那么好玩，兔宝宝也想来和我们一起玩游戏，不过他们玩的不是套圈而是站圈。看，来了几只兔宝宝？（3只）

① 观察标记图。

师：3只小兔来站圈，怎么站呢？让我们先来看看标记图吧！（红2蓝3）你们看懂了吗？

② 分析标记图要求：怎样给3只兔宝宝站圈。

③ 个别幼儿上台尝试操作。

④ 检查上台操作的幼儿操作得是否正确。

师：我们一起来做小老师，看看他做得对不对：红圈和蓝圈交叉在一起，它们的公共部分里有几只小兔子呢？这2只小兔子该算哪个圈里的呢？对，这只小兔子既算红圈里的，也算蓝圈里的，那么现在红圈里除了"公共部分"，"其他地方"还有小兔吗？（没有）那么红圈里现在一共有几只小兔子？是否符合标记图上的要求？蓝圈里除了"公共部分"的2只小兔，"其他地方"还有小兔吗？（有，1只）那么现在蓝圈里一共有几只小兔？符合标记图的要求吗？让我们用掌声表扬他一下吧！

评析：大班幼儿的思维正从直觉行动思维向具体形象思维发展，抽象逻辑思维尚处萌芽状态。本环节设置了一个逆向思维过程，通过引入生动形象的"小兔站圈"的情境，让幼儿运用前一环节学过的内容来探索解决眼前的问题——看标记帮助小兔来站圈，对幼儿具有较大的挑战性，也是整个活动的一个"突破口"。

4. 合作游戏：站圈乐。

幼儿看标记玩站圈游戏，体验成功和合作的乐趣。

（1）看标记图。

师：今天兔宝宝玩站圈游戏玩得很开心，你们想不想也来玩一玩站圈游戏呢？我们先来看一下标记图：几个小朋友来站圈呢？（对，4个小朋友来站圈）怎么站呢？有什么要求？（红圈里3人，绿圈里2人）规则是4个小朋友全部都要参加站圈游戏，不能漏了一个人。

（2）邀请4位幼儿上台尝试站圈，教师把红、绿两种颜色的4个圈，每人一个，随机发给4名幼儿，让他们自由站圈。

评析：本环节为幼儿创设了一个协作学习的空间，让幼儿在与同伴不断商量、合作、调整中完成任务。幼儿在活动中体验到了成功的喜悦，增强了自信心，真正体现了通过数学活动发展多元智能的教学理念。

（三）活动延伸

鼓励幼儿尝试玩更多的站圈游戏或者扩大场地去操场玩站圈游戏。

五、活动反思

1. 从生活中来，到生活中去

生活中不乏"交集"现象，如套圈游戏、光晕效果等，既然幼儿的生活、游戏中遇到了"交集"问题，我们就不应该回避，应该将幼儿遇到的问题通过教学活动来解决。不过大班幼儿的抽象逻辑思维尚处萌芽状态，因此在此次活动中，我们没有教给幼儿"交集"的术语，而是让幼儿理解在两圈交叉的"公共部分"中的物品同时属于这两个圈，进而引导幼儿学习计算两圈交叉情况下圈内物体的数量，再让幼儿将获得的有效经验运用到实际生活中去，实现真正意义上的"生活数学"的理念。

2. 做中学，体验快乐

实践证明，幼儿只有在"做"的过程中，在与材料相互作用的过程中，才可能真正理解和掌握某一数学概念的属性或规律，才可能获得直接的经验。因此，在这个活动中，我为幼儿创设了"玩套圈→帮助兔宝宝站圈→亲自玩站圈游戏"等情境，给幼儿投放直观的操作材料，让幼儿通过自己动手摆弄后，尝试找到正确的站圈方法，采用"做中学"的教学方法，极大地激发了幼儿的兴趣。

江苏省常熟市徐市幼儿园　谢丽亚

绳子的连接

领　　域：科学

适合年龄：大班

一、设计意图

《3—6岁儿童学习与发展指南》"科学"领域中指出，幼儿的科学学习是在探究具体事物和解决实际问题中，尝试发现事物间的异同和联系的过程。幼儿在对自然事物的探究和运用数学解决实际生活问题的过程中，不仅获得丰富的感性经验，充分发展形象思维，而且初步尝试归类、排序、判断、推理，逐步发展逻辑思维能力，为其他领域的深入学习奠定基础。基于这个教育理念，我将幼儿生活中常见并非常喜欢的绳子引入活动的设计中，尝试让幼儿将多条绳子的两端进行连接，并学会打结，引导幼儿通过亲身体验和动手操作感知学习的乐趣。

二、活动目标

1. 能够大胆对实验结果进行猜想，并用图形记录下来。
2. 通过与同伴间的合作完成游戏，遵守游戏规则。
3. 对绳子的连接感兴趣，感受科学游戏带来的快乐。

活动重点：对绳子的连接感兴趣，感受科学游戏带来的快乐。

活动难点：通过与同伴间的合作完成游戏，遵守游戏规则。

三、活动准备

足够数量的绳子、记录纸、笔。

四、活动过程

（一）出示两条绳子，引出游戏

师：今天老师给小朋友带来了一个"朋友"。（出示绳子）

提问：怎样才能将两根绳子连在一起？（打结）

展示幼儿们打结的结果。（打一个结变成一条长绳子，打两个结变成一个圆圈）

（二）讲解6根绳子的游戏规则，并猜想结果

师：现在我们要玩一个新的游戏，既然是游戏就得有游戏规则：三个小朋友为一组，站在中间的小朋友握紧6根绳子的中央，两边的小朋友要将6根绳子的每两端打结。

师：我需要两个小朋友来帮我，谁愿意？（请两个幼儿上台，站在老师的两边）

师：老师负责握紧6根绳子，小帮手们需要将每两根绳子的两端打结。请下面的幼儿进行猜想，绳子打结会出现什么结果？拿出桌子上的红色纸，小组进行讨论并以图形的方式把讨论的结果画在纸上，并请每个组将画好的图形贴到黑板上，说一说他们的猜想。

（三）幼儿进行绳子的连接游戏，验证猜想结果是否正确

师：现在就请每个小组来做一次游戏，看一看你们的结果是不是和猜想的一样。

（提醒幼儿遵守游戏规则，一个幼儿握住绳子的中间，两边的幼儿进行打结）

师：游戏结束，请你们将结果以图形的方式画在蓝色的纸上，并贴到黑板上，请幼儿分组展示游戏的结果。

最后再展示老师打好结的绳子，看一看和哪一组的结果相同。

第一组：这个组是三个动手能力较强的女孩，当老师讲解完游戏规则之后，她们能够迅速地分配好任务，谁在中间拿着绳子，谁在两边负责将绳子打结。她们猜测的结果是一个大圆圈，实验结果是两个环形相扣。但

是由于绳子打结的时候没有系紧，环形断开了，有点遗憾。

第二组：这一个小组在猜想的时候画了一个正方形，动手能力比第一组稍差一些，打结速度较慢，但是能够遵守游戏规则，分配好各自任务。实验结果出现的是一个大圆和一个小圆，能够在纸上记录下结果。

第三组：这一组猜想的时候看见第二组画了一个正方形，于是他们在纸上随手画了一个长方形。经过实验，结果和第二组一样，也是一个小圆和一个大圆。

第四组：这是动手能力较差的一组，打结需要老师的帮助，猜想的时候幼儿们之间并没有讨论，其中的一个女孩在纸上画了一条长长的线。实验结果是6根绳子连成了一个大大的圆。

（四）出示更多的绳子，师生集体玩绳子连接游戏

师：刚刚我们玩了6根绳子打结的游戏，老师还为你们准备了更多的绳子，想不想上来和我一起玩？

（请幼儿围在老师身边站成一个圈，每个人手上拿一根绳子，找旁边的小朋友将手中的绳子连接在一起，老师松开手，幼儿们一起展示结果）

师：围个圆圈走走，围个圆圈走走，围个圆圈走啊走啊，看谁先站好；围个圆圈走走，围个圆圈走走，围个圆圈走啊走啊，看谁先蹲下……

（五）结束活动

师：小朋友们，绳子连接游戏好玩吗？一会儿回到教室里，可以和更多的朋友一起分享绳子连接游戏。

五、活动反思

优点：本次活动得到了幼儿们的喜爱，激发了幼儿的探究精神。幼儿能够猜想结果，通过实际操作验证结果，并且在游戏中学会了合作。通过游戏了解了6根绳子连接后会出现的多种状态（两个圆形相扣、两个分开的圆，一个大大的圆）。因为在猜想的环节中，幼儿对结果都不是很清楚，所以有的幼儿猜想出正方形和长方形，老师并没有对幼儿的猜想结果完全否定，而是鼓励幼儿说出如果四个小朋友拉住绳子确实会变成长方形或者正方形。最后的环节请幼儿与教师集体上台互动，教师也积极参与其中，一起期待绳子打结后的结果，最后幼儿们拉着绳子围着圆圈走，愉快地结束了活动。

不足：虽然幼儿积极性很高，也很开心地完成了科学活动，但活动后教师没有将6根绳子连接会出现的状况进行总结。导致幼儿实验结束不清楚6根绳子打结为什么会出现一个大圆，也不知道为什么会形成圆环。在后续的活动中，教师应该多组织幼儿进行绳子的连接游戏，从2根绳子的连接开始，到4根绳子的连接，再进行6根绳子、8根绳子的连接，让幼儿系统地探究绳子连接会出现的各种不同的状况，并尝试进行总结。

重庆市新桥医院幼儿园　徐文静

一寸虫

领　　域：数学

适合年龄：大班

一、设计意图

绘本《一寸虫》讲述的是一个遇到困难、解决困难的故事。一寸虫先后两次遇到有鸟儿想吃掉它的情况，但它凭借智慧，用自己身体的长度为鸟儿进行测量，从而逃脱了危险。幼儿园大班的幼儿们也和一寸虫一样，每天都会遇到各种各样的困难，为了让幼儿在成长的道路中学会思考、爱上思考，知道智慧的力量可以化解一切难题，为此我设计了这次的绘本活动。

二、活动目标

1. 认真倾听老师讲解绘本，了解首尾相连的测量方法。
2. 理解绘本故事内容，感受一寸虫的机智和勇敢。
3. 尝试运用绘本中的"一寸虫"进行测量，并乐意分享操作过程和结果。

活动重点：认真倾听老师讲解绘本，了解首尾相连的测量方法。

活动难点：尝试运用绘本中的"一寸虫"进行测量，并乐于分享操作过程和结果。

三、活动准备

1. 绘本《一寸虫》及PPT；
2. 一寸虫教具若干，知更鸟、苍鹭、巨嘴鸟、蜂鸟等教具；
3. 记录表每两人一份，铅笔若干。

四、活动过程

（一）谈话引入，认识一寸虫

1. 分享身高

师：小朋友们，你们知道自己的身高是多少吗？来和大家分享一下！

2. 猜猜一寸有多长

师：有一只小虫子，它知道自己有多长，它有一寸长，那一寸到底有多长呢，请小朋友们用手比一比。

3. 认识一寸虫

师：因为这个小虫子用它身体的长度"一寸"来取名字，所以，它的名字就叫"一寸虫"。

（二）观看绘本，了解首尾相连的测量方法

1. 一寸虫遇到了困难

在一个天气晴朗的早晨，一寸虫决定出去散步，这个时候，它遇见了一只肚子饿得咕咕叫的知更鸟。

师：知更鸟看见一寸虫笑了，为什么？原来知更鸟想把一寸虫当作早餐！一寸虫会怎么办呢？请小朋友大胆猜测，说说你的想法。

师：小朋友们想到的办法都挺不错，我们来听一听一寸虫怎么说。

一寸虫说："不要吃我，别看我小，我本领很大，我会量东西！"

原来一寸虫有测量的本领，它用自己的身体帮知更鸟量尾巴，小朋友想不想和一寸虫一起来量一量知更鸟的尾巴呢？

师：老师为你们每人准备了一张知更鸟的图片和许多的一寸虫。我们和一寸虫一样，用它的身体测量知更鸟的尾巴吧。

2. 幼儿尝试测量，教师巡回指导

师：一条一寸虫是一寸长，量一量知更鸟的尾巴有几寸长？

3. 分享测量的结果

师：谁来说说看，知更鸟的尾巴有几寸长？你用了几条一寸虫？

4. 交流测量的方法

师：小朋友们都测量出了知更鸟的尾巴有三寸长，那谁来和大家分享

一下你用的方法是什么呢?

5.通过PPT,认识首尾连接的测量方法

师:一寸虫在丛林里没有其他的伙伴,所以不能找别人帮忙,那它是用什么方法来测量的呢?我们一起来看一看故事中是怎么说的。

评析:一寸虫先用自己的尾巴对齐知更鸟的尾巴顶端,把身体打直,用首尾连接的方法,中间不能有空隙也不能叠加,来回三次,测量出知更鸟的尾巴有三寸长。

(三)继续观看PPT,第二次测量

师:一寸虫量出了知更鸟尾巴的长度,躲过了一场灾难。不过,丛林里面有很多的小鸟都来找它帮忙了,我们来看看有哪些鸟儿呢?

1.出示图片,认识三种鸟儿。

腿长长的,胸部有黑斑。(苍鹭)

嘴巴大大的,嘴巴边缘有锯齿,颜色红红的。(巨嘴鸟)

还有一只鸟是世界上最小的鸟。(蜂鸟)

2.猜测测量部位。

师:鸟儿们最喜欢身上哪个部位呢?它们会让一寸虫帮忙量什么呢?(请幼儿和旁边的小朋友先讨论一下)

师:谁来告诉我,它们会让一寸虫帮忙量什么?(继续讲解故事内容,揭示答案)

3.幼儿两人一组,运用首尾相连的方法测量长度,并记录结果。

4.交流验证。

师:谁告诉大家你量的是哪种鸟儿?它最喜欢的部位有几寸长?请你和你的小伙伴一起上来展示一下。

评析:当幼儿讲解完后,可适当请其他幼儿对该幼儿的测量进行评价,使答案更标准,同时也激发幼儿发言的积极性。

(四)故事结束,感受一寸虫的机智

师:一寸虫终于可以安安静静地散步了,可是,他运气特别不好,遇到了一个蛮不讲理的家伙,是谁呢?

原来是在森林里唱歌最好听的夜莺，它对一寸虫说："我要你量量我的歌声。"一寸虫是怎么说的？

师：为什么一寸虫不给夜莺量歌声？如果不量，夜莺会怎么样？（会吃了一寸虫）

师：最后，一寸虫是怎么解决难题的？

一寸虫想出了一个办法，让夜莺唱了很多歌，而它则趁着夜莺投入唱歌的时候逃走了，真是一只聪明又机智的一寸虫。

（五）结束活动

1. 你喜欢一寸虫吗？为什么？

2. 小结：因为它特别机智、勇敢，用自己的本领解决了困难。

3. 师：小朋友们，今天学会了首尾相连的测量方法，请把这个方法告诉你的好朋友，一起量一量你们最喜欢的部位吧！

五、活动反思

1. 两次操作，由浅至深。第一次操作，幼儿们用自己的方法测量知更鸟的尾巴，已经是一种探索求知的表现；第二次操作，幼儿们在之前的基础上学习用一寸虫的方法（首尾连接）来进行测量，把绘本中的方法用实践来验证，由此对所学知识进行了巩固。

2. 通过绘本，爱上思考。幼儿们在活动结束时，纷纷表示出对一寸虫的喜爱和羡慕，有的喜欢它的聪明，有的喜欢它的冷静。通过这个有趣的绘本，幼儿不仅学会了首尾连接的测量方法，更重要的是懂得了面对困难不要害怕，要冷静思考，用智慧来解决问题。

3. 后续跟进。续编绘本故事：首先，让幼儿讲述一寸虫在丛林中还会遇到哪些困难，以及如何战胜困难，然后用漫画的形式画出来，自制一本故事漫画书。其次，用一寸虫不干胶做虫贴，奖励给每次遇到困难自己动脑、战胜困难的幼儿。然后把一寸虫的虫贴贴在评比墙上，一周后看谁的一寸虫最多可以获得一个小礼物。让幼儿在绘本的感染中爱上思考、爱上动脑！

重庆市新桥医院幼儿园　徐亚玲

搬过来搬过去

领　　域：社会

适合年龄：大班

一、设计思路

在我们的教育中关于爱家人、朋友的素材很多，婚恋这一内容却是禁区。《搬过来搬过去》一书以可爱的形象、充满诙谐的画面向我们展示了爱情婚姻的美好和幸福，始终贯穿其中的爱让一切困难变得简单，只记下了彼此面对的甜蜜微笑。我试图从图书的画面入手，引导幼儿通过观察、猜测共同生活的鳄鱼与长颈鹿因为身高差距带来的种种困难及他们为彼此的幸福做出的努力，感受他们之间浓浓的爱。

二、活动目标

1. 积极猜测，通过仔细观察图书画面感受内容的诙谐有趣，了解并讲述出两个相爱的人共同生活遇到的种种困难，愿意想办法解决问题。

2. 体验爱人间浓浓的情意，感受爱的美好。

活动重点：体验爱人间浓浓的情意，感受爱的美好。

活动难点：了解并讲述出两个相爱的人共同生活遇到的种种困难，愿意想办法解决问题。

三、活动准备

绘本《搬过来搬过去》及PPT。

四、活动过程

（一）出示图书封面，介绍故事人物

师：今天我给你们带来了一本书——《搬过来搬过去》，猜猜是谁要搬过来搬过去？

幼儿猜测，教师揭示并引导幼儿理解人物之间的爱人关系。

师：虽然鳄鱼与长颈鹿身高相差很多，但他们是一对真正的爱人。你知道什么是爱人吗？说一说你的身边谁和谁是爱人？

师：你们觉得这对爱人最大的不同在哪儿？

评析：这里的猜测是有的放矢型，可以起到热身作用，活跃幼儿们的思维，因为从图书的封面上幼儿可以一眼认出主人公，并异口同声地回答老师提出的问题。而调动幼儿生活经验来理解"爱人"一词也是美好的一件事，对后面感受爱人就是要在一起幸福生活的情感算是一种前期准备。

（二）猜测故事内容并通过观察画面验证猜测

1.师：他们该搬到谁的家里一起生活呢？为什么？想清楚了，让我们也来搬一搬，同意搬到鳄鱼先生家的坐在一起；同意去长颈鹿小姐家的坐在一起。

引导幼儿依据自己的想法现场搬动椅子站队，有相同想法的幼儿坐在一起。

2.幼儿预测并说明原因。

评析：现场的搬动不仅活跃了气氛，更让幼儿有三思而行的意识，明白自己选择的理由和依据。

教师播放长颈鹿住进鳄鱼家的画面，和幼儿一起阅读故事。

师：长颈鹿在这儿住得舒服吗，从哪儿看出来了？

3.师：搬过来住在鳄鱼家不舒服，搬过去住到长颈鹿家是不是会好些呢？

有没有谁想改变主意重新搬一下自己的座位？要想清楚哦。

评析：这里主要是引导幼儿通过观察、讲述画面上的一个个小细节，充

分感受长颈鹿小姐在鳄鱼先生家遇到的种种不便。而让幼儿重新搬动位置，可以算是一个机会，但也是一个"陷阱"，主要看幼儿是否坚持自己的想法。

4. 教师播放鳄鱼住进长颈鹿家的画面。

师：鳄鱼先生搬过去住在长颈鹿家，遇到了哪些问题？你觉得什么地方很有趣？

小结：生活中的困难真多，接下来他们会怎么办呢？

评析：到这儿，幼儿开始注意画面上的趣味性，他们详尽地阐述了自己的发现，这一环节为提高幼儿的语言表达能力提供了较大的空间。

5. 他们是怎样实施伟大计划的，你最喜欢哪幅图，为什么？

（观察新家的图）师：新家终于完工了，你觉得在这间房子里，哪个设计很巧妙？

小结：所有的问题在这儿都得到了巧妙的解决，现在的长颈鹿和鳄鱼可以望着彼此的眼睛，给对方一个甜蜜的微笑了。

评析：施工现场的图片，我在幼儿的讲述后用"巧妙分工、快乐合作、苦中有乐"等词来进行提升，让幼儿充分感受爱人之间为了在一起而付出的艰辛与努力。而新家的巧妙设计则放手让幼儿去发现，重在培养幼儿的观察能力和耐心。

6. 师：长颈鹿和鳄鱼搬过来搬过去，还实施了伟大的计划——建造新家，其实这都是很麻烦的事，为什么他们愿意这么做呢？

小结：当我们有爱的时候，任何困难都能用智慧解决。

（三）完整欣赏图书，结束活动

师：让我们一起捧起书，相信我们会有新的发现。

五、活动反思

因为是阅读活动，虽然图画书出现的频率不多，但我在图书与PPT之间建立起了一种联系，让幼儿们意识到PPT就是一本大书。我很重视培养幼儿们的阅读能力，对他们的观察、讲述及倾听都提出了要求并且不断给予肯定，让幼儿通过这样的活动能感受到书的魅力，知道图画书给我们提供了很多信息，学会从画面中捕捉线索。我将活动的基调定为感受画面的诙谐有趣，这也是幼儿快乐阅读的力量来源，唯有他们能从图画书中感受到快乐，他们才愿意不断地阅读，从而爱上图画书，我想这也是我们将图画书带给幼儿的目的。

除图画书本身的趣味外，我采用现场搬动的方式增强了这种趣味性，让游戏的意味更浓厚，幼儿们多了自主选择表达自己意愿的机会。而一次次的猜测与理由的阐述，则让幼儿的选择避免了盲目性，知道思考的重要性。如果幼儿学会了观察、思考、表达和倾听，那么图画书更多的价值就将会由他们自己发掘出来，那样活动才更有意义。

江苏省常州市新北区魏村中心幼儿园　尤明霞

开心超市

领　　域：数学

适合年龄：大班

一、设计意图

在实际生活中，幼儿对人民币的外观、面值等已经有了一定的了解，但是，大部分幼儿很少真正使用过人民币。为了让幼儿进一步有计划地使用人民币，我设计组织了这一活动。在活动前，我请家长配合，带幼儿去超市购物了解购物环节，为本次活动的教学做好铺垫，试图通过学习活动让幼儿巩固"6"的加减运算。

二、活动目标

1. 在认识人民币的基础上，有计划地使用6元人民币。
2. 在购物游戏中，巩固"6"的加减法运算，体验自主购物的快乐。

活动重点： 运用"6"的加减法算式，有计划地使用6元钱购物。

活动难点： 能正确使用6元钱购物。

三、活动准备

1. 布置"开心超市"环境，教学PPT。
2. 一元、五元人民币若干，信封、文具图片若干。

四、活动过程

(一) 情境导入，激发幼儿兴趣

1. 以"给小熊维尼送礼物"这一情景导入，激起幼儿的购物欲望。

师：小朋友们，今天是小熊维尼的生日，它6岁了。有很多好朋友来参加它的生日party（派对），来，我们一起看一下有哪些朋友来了？（跳跳虎、小猪、小象）小朋友们，你们想参加小熊的生日派对吗？（想）

评析：导入部分非常直接，以"给小熊维尼送礼物"这一情景导入，能迅速引起幼儿活动的兴趣。

2. 看礼物单，初步了解记录方法，巩固"6"的加减运算。

师：送小熊什么礼物好呢？先看看小熊朋友们的礼物单，我们就会知道小熊需要什么了。

师：跳跳虎送了一袋QQ糖花了1元、一瓶蜂蜜花了5元，跳跳虎请小朋友帮忙算一算，它一共花了多少钱？

幼：1+5=6。

师：小猪来到了玩具店，看到许多商品的标价，它拿出一道数学算式6-2-4=0，让小朋友猜一猜它买的是什么礼物？

幼：玩具电话和小车。

师：你是怎么猜出来的？

幼：看算式和价格。

师：小象带来了一个难点的问题，它有6元钱，买了一盒牙膏用了3元、一个杯子用了3元，他请小朋友帮他算一下还剩多少钱？

幼：6-3-3=0，没有剩余的钱了。

师：小熊现在已经有了哪些礼物？

幼1：QQ糖、蜂蜜、玩具电话和小车。

幼2：还有牙膏和杯子。

幼3：有好吃的、好玩的。

师：再过几个月小熊就要上小学一年级了，它需要很多学习用品，我们送它一些文具，好吗？（好）

评析： 由浅入深，层层递进渗透"6"的加减运算，也帮助幼儿从感性感受到理性思考过渡，知道要送小熊需要的礼物。

（二）购买文具图片，发现问题，并讨论解决的办法

1. 进行"买文具"游戏。幼儿自主购买文具图片，要求所选商品正好花完6元钱。

2. 讨论、分享。

师：请小朋友与同伴分享自己的购物情况，说一说所买商品的名称、价格，一共花了多少钱？谁愿意到前面来说一说？

（部分幼儿上台分享自己的购物经历）

师：针对有幼儿没有买够6元物品这种情况，请小朋友讨论怎样才能为小熊选购正好6元的商品？谁有好主意？（幼儿大胆发言）

评析： 在购买文具图片的过程中，一方面可以复习"6"以内的加减法，甚至是尝试连加、连减，另一方面可以培养幼儿有计划做事的良好习惯。

（三）幼儿尝试有计划购物

我们学会了有计划购物，想不想亲自去超市购物呢？（想）

每人发一个信封，内装6元人民币（区角游戏币），请幼儿数一数里面有多少钱？

师：刚才大家数了数手里的钱，今天我们就用这些钱给小熊买文具，要不多也不少，正好用完。看谁买得又对又快。走，我们去"超市"买东西喽！

评析： 钱币的运用，体现了教育目标的整合性，它成为幼儿表现的一个大舞台，也为教师继续教育提供了依据。

（四）超市购物

幼儿按规则模拟超市购物的情境，在角色扮演游戏中进一步加深6以内数的运算。

评析： 活动从生活中选材，但它毕竟不同于生活。教师根据幼儿的特点，创设了模拟购物情境，大大激发了幼儿参与活动的兴趣，也使他们埋下了探索和了解生活的种子；在算一算、猜一猜、说一说中帮助幼儿建立适量购物的正确价值观。

（五）活动延伸

引导幼儿进一步完善区域活动的游戏规则，并玩银行、超市、文具包装店等游戏。

五、活动反思

《幼儿园教育指导纲要（试行）》中提出，能从生活和游戏中感受事物的数量关系，体验到数学的重要和有趣。本次教学活动的核心要素是使幼儿有计划地使用6元钱购物，第一次购物用图片，第二次购物用实物，层次递进。本次活动能够紧紧围绕活动目标，以游戏的形式贯穿整个活动，活动形式新颖有趣。活动中以"给小熊送生日礼物"这一情境导入，为幼儿们创设了相似的生活情境，在购物情境中唤起幼儿已有的生活经验，再让幼儿在亲自购买的过程中进一步加深"6"以内数的运算，以及学会有计划地购物，并感受购物带来的愉快体验！

活动中也存在不足之处：在设计过程中过于关注幼儿集体交流和分享，而对幼儿个体差异及如何通过个别指导，促进每个幼儿在原有经验上得到发展没花太多心思。还有就是指导语不到位，语言不精练。数学课需要严谨、清晰的语言指导，教学中要善于合理运用间接引导，引发幼儿思考。

山东省聊城市莘县实验幼儿园　张慧玲

赶走生气

领　　域：健康

适合年龄：大班

一、设计意图

现代社会是竞争的社会，能否及时调整自己的情绪、情感，以稳定的心态接受生活给予的挑战，往往是决定一个人是否成功的重要前提。幼儿进入大班，他们的情绪变得更为敏感，他们不是一直拥有好心情，也有不同的情绪和心态，但因为情绪理解与调节能力不足，经常看到他们会为一点点小事生气。其实，人人都会生气，生气并不可怕，重要的是遇到不愉快的事情能尝试自我调节，让不快乐的情绪尽快消失。

为了让幼儿学会处理各种情绪，始终保持积极健康的心态和快乐的心情，培养幼儿积极健康的情绪，建立积极和谐的人际关系，树立完美的人格，促进幼儿身心健康和谐发展，特设计此次活动。

二、活动目标

1. 了解人的情绪是多种多样的，懂得情绪愉快有利身体健康。

2. 知道心情不好的时候可以用各种方法来调试，初步学习用正确的方式排解不开心的情绪。

活动重点：了解人的情绪是多种多样的，理解高兴、快乐的情绪，有让人美丽和被人喜欢的魅力，学会关注他人的情绪，萌发幼儿关心他人，愿为好朋友带来快乐的美好情感。

活动难点：幼儿能真正理解快乐的实际意义，在不高兴、不开心的时候学会调节自己的情绪和心情，学会用高兴、快乐感染别人。

三、活动准备

1. 课件PPT；
2. 故事《消气商店》；
3. 出气包、开心枕；
4. 音乐《歌声与微笑》；
5. 幼儿和家长共同收集的各种表情图片、相关的区角材料。

四、活动过程

（一）情境导入，引起幼儿的情绪共鸣

1. 引起幼儿的好奇。（教师捂着肚子，做出痛苦的表情）

师：今天我肚子有点痛，怎么办呀？

幼：吃药、找医生看、打120等。（幼儿都有自己的生活经验，知道肚子痛应该看医生）

师：现在我真的不舒服，心里很不开心，想想看除了请医生帮忙以外，还有什么办法让老师开心起来？（引导幼儿帮助老师想办法）

2. 由老师的不开心引出幼儿的不开心。

师：老师遇到了不开心的事，你们有吗？我们小朋友会遇到哪些不开心的事情呢？（要求幼儿结合实际生活，大胆发言）

评析：在生活中，因为我们会遇到各种各样的事情，会有不一样的感觉，有时会难过、有时会生气、有时会高兴，让幼儿知道人是拥有各种情绪的。

3. 出示搜集的图片，对比图片带来的不同感受。

（1）提问：你看了这些微笑的图片后心情是怎样的？

（2）提问：看了伤心、难过、生气的图片后心情是怎么样的？

师：当你开心高兴的时候会露出可爱的、美丽的、具有魅力的微笑，让人看了后感觉很舒服。当一个人生气或者难过时就会露出痛苦的表情，让人看了很难受，心情也会被感染。生气不仅不让人喜欢，还会对我们身体产生坏的影响,所以我们要尽量不让自己生气,把生气这个坏习惯消灭掉。

评析: 通过对两种不同图片的观察,进一步让幼儿了解人的情绪是多种多样的,更深刻地理解高兴、快乐的情绪有让人美丽和被人喜欢的魅力,学会关注他人的情绪,萌发幼儿关心他人,愿为好朋友带来快乐的美好情感。

(二)排解不开心情绪,寻找快乐

1.播放幻灯片,讲述故事第一段

过渡语:除了我们人类会遇到不开心的事,今天老师带来了一个故事,故事中的小动物们也遇到了一些不开心的事,我们一起来听一听吧。

提问:你们知道什么是消气商店吗?

幼儿:消气商店就是能把气消掉。

2.继续播放幻灯片,讲述故事

过渡语:听一听,都有谁来"消气商店"了?

(1)帮熊大哥消气

① 出示受伤的熊大哥幻灯片。熊大哥怎么啦?它为什么生气?

幼儿:因为它受伤了,它摔了一跤。

② 启发幼儿猜一猜,小狐狸想出了什么办法让熊大哥消气。

幼儿1:把它送到医院看病。

幼儿2:帮它揉揉,安慰它。

③ 播放幻灯片,讲述故事第二段。

(2)帮猪小姐消气

① 出示肥胖的猪小姐图片。谁又来了?猪小姐为什么生气?

幼儿:猪小姐来了,它太胖了,穿不上漂亮衣服。

② 启发幼儿猜一猜,小狐狸想出了什么办法帮猪小姐消气。

幼儿:教它做运动。

③ 播放幻灯片,讲述故事第三段。

(3)帮小老鼠消气

① 引导幼儿观看小老鼠图片,说说小老鼠为什么生气。

幼儿：找不到妈妈，它走丢了。

② 启发幼儿猜一猜，小狐狸想出了什么办法帮助小老鼠消气。

幼儿1：帮小老鼠给妈妈打电话。

幼儿2：打110，送小老鼠回家。

幼儿3：买玩具给它们玩。

③ 播放幻灯片，讲述故事第四段。

（4）幼儿分组讨论并交流。

提问：你觉得消气商店好吗？为什么？

幼儿1：好，因为可以让自己变得开心。

幼儿2：它可以帮助别人。

师：当你不开心的时候，可以告诉老师、家人、小朋友，让大家一起来帮助你，把你的不开心变成开心，帮助别人也是一件很开心的事情。

评析：从幼儿感兴趣的故事活动出发，围绕幼儿的实际生活，引导幼儿将小动物们不开心的事说出来，再帮助小动物们找到排解不开心的方法，大家一起帮忙解决，充分体现了以幼儿为主体。

（三）多种渠道发泄情绪，放飞心情

1. 幼儿自由讨论

（1）问题：生活中你们还遇到过哪些不开心的事，你是怎样使自己变得开心起来的？

（2）幼儿讨论，并分享自己的办法。

过渡语：小朋友们都很能干，但除了你们说的这些方法，老师还有一些方法也很不错，我们一起来试一试吧。

2. 向幼儿介绍并尝试几种赶走不开心的好方法

① 深呼吸；

② 大声喊叫；

③ 听音乐；

④ 向父母、朋友、老师倾诉；

⑤ 玩游戏。

3.幼儿分组发泄情绪

第一组：在游戏区和好朋友一起游戏。

第二组：在小舞台跟着音乐唱歌、跳舞。

第三组：模拟打电话聊天，互诉心情。

第四组：让幼儿把心情画在纸上，和同伴说一说或折成飞机，让不好的情绪像纸飞机一样飞出去。

第五组：深呼吸吹气球，把不好的情绪吹进气球里，并绑起来。

备注：可根据幼儿的人数适当增加项目，让幼儿自由选择喜欢的方式去发泄不开心的情绪，在操作活动中体验快乐。

师：生气并不是一件坏事，每个人都会有生气的时候，如果你有不高兴的事或者生气了，可以唱唱歌、跳跳舞、画一幅画、听听音乐、散散步或者大声叫一叫、哭一哭，找个伙伴说一说、聊一聊，也可以把自己生气的事告诉老师、爸爸妈妈或小朋友，他们会劝你、安慰你。如果别人惹你生气，你就要想想别人对你好的时候，原谅别人，这样就会消气，使自己快乐起来，身体也就更健康了。

评析：幼儿是活泼好动的，他们只有通过具体的操作、实践和探索，才能加深他们对健康快乐心理的认识和理解，此环节将活动推向高潮。这些活动区域，在平时的一日生活中也经常接触，但此时幼儿去玩，更有了明确的目的，怎样将不开心发泄掉，转化为开心。幼儿在操作时，脸上的表情就折射出他们心里的真实情感、情绪变化。

（四）开心、快乐，伴随你我他

师：小朋友，今天你快乐吗？

幼：快乐！

师：那就让我们一起随着音乐唱起来、跳起来吧！

师幼一起演唱歌曲《歌声与微笑》。

评析：活动最后，教师再次让幼儿通过唱歌、跳舞的形式，渲染幼儿的快乐情绪，让活动在快乐中结束。

五、活动反思

本次活动一共安排了四个环节，简单朴素，来源于生活。活动一开始，以教师自身的不开心导入，引起幼儿的共鸣，接着由教师转入幼儿这一主体，抓取了幼儿在日常生活中最感兴趣的故事导入教学，使幼儿有一种切身的感受，感知自己不开心的情绪。在此基础上，又让幼儿与同伴共同商量解决他们日常生活中遇到的不开心或伤心的事情，学习调节情绪，寻找快乐。接下来的分组自由游戏，通过多种渠道发泄不愉快的情绪，把活动推入高潮。一个成功的教学活动注重的应该不是结果，而是过程。在这个"准备——执教——反思"的过程中，我学到了很多东西，也提升了自己的教学理念。但活动中也有不足之处，如教师的指导语不够精练，面对突发事件的处理也不够及时等，这些问题在今后的教育教学工作中有待提高。

四川省成都高新区和美实验幼儿园　张自霞

落下来

领　　域：科学

适合年龄：大班

一、设计意图

"帮助幼儿探索周围生活中常见的理化现象，获取有关的科学经验"是幼儿园大班科学活动的目标之一。物体的下落是幼儿日常生活中经常见到的现象，而"为什么物体下落有快有慢"这对大班幼儿来说却是一个抽象的概念，所以活动的选择既来源于幼儿的生活又高于幼儿的生活。为了帮助幼儿理解这一抽象的概念，我根据班级幼儿的实际情况，依据幼儿由易到难、由简到繁的认知规律精心设计了此次活动。让幼儿在教师的启发引导下，通过观察、猜测、比较、操作等环节，感知物体的下落速度与其重量、大小的关系，建立有关物体下落原理的粗浅概念。

二、活动目标

1.引导幼儿观察、比较物体的下落，能用较完整的语言清楚地表达观察到的现象。

2.感知物体的下落速度与其重量、大小的关系，对物体的下落现象感兴趣。

3.对探索活动感兴趣，体验操作成功的喜悦。

活动重点：观察、比较物体的下落，能用较完整的语言清楚地表达观察到的现象。

活动难点：感知物体的下落速度与其重量、大小的关系。

三、活动准备

1. 第一次操作所需的材料：羽毛、纸盘、丝巾、饮料瓶、沙包等。

2. 第二次操作所需的材料：泡沫板与纸板、纸球与海洋球、纱巾与毛巾、树叶与羽毛、一份集体记录大纸和笔。

3. 第三次操作所需的材料：同样大小、颜色的手工纸幼儿每人一张。

四、活动过程

（一）观察一种物体的下落现象并清楚表达

1. 提出任务

师：今天我们来做一个"智力大闯关"的挑战游戏。在这个游戏中有三关，如果你们都能闯关成功，就是第一名，还能取得红旗。你们敢来挑战吗？

进入"智力大闯关"挑战游戏第一关。

师：请你仔细观察这些物品落下来的样子，等一会儿要请你们来说一说，你们可一定要看仔细哦。

2. 教师操作

教师动手操作，为幼儿演示逐一让物体下落。

3. 交流与总结

幼1：羽毛是飘着落下来的。

师：你观察得真仔细。

幼2：饮料瓶落下来会发出"啪"的一声响。

师：你注意到了物体落下来的声音。

幼3：沙包落下来好快。

师：你发现了物体落下来的速度。

幼4：纸盘落下来在打转转。

师：这你都看清楚了，你有一双亮亮的眼睛。

幼5：丝巾落下来是慢慢的，好像在空中跳舞一样。

师：你观察得真仔细。

评析：在第一关中，由于教师注重了活动过程的评价，必然促使教师更自觉、更全面、更细致地观察幼儿活动的全过程，从而挖掘他们更多的长处和闪光点，并通过评价加以肯定和鼓励，让幼儿获得愉快的情绪体验，使幼儿能发现自己的能力与潜力，从而充分调动和保护幼儿活动的主动性和积极性，进而获得成功感。

师：刚才你们通过仔细观察，把物品"落下来"这件事情表达得很清楚。有的注意到了落下来的声音，有的观察到了落下来的样子，有的发现了落下来的速度，恭喜你们顺利通过了第一关。

（二）观察、比较两种同样大小物体的下落现象，感知物体的下落速度与重量的关系

1. 提出任务。

师：现在我们进入"智力大闯关"第二关。

2. 教师依次出示纸板与泡沫板、纸球与海洋球、纱巾与毛巾、树叶与羽毛。教师操作，幼儿猜想，并将幼儿的猜想和实际操作结果等用集体记录的方式记录下来。

师：它们是一样大小吗？

幼：一样大。

师：猜一猜它们谁轻？

请3名幼儿来掂量掂量，说一说，将结果记录在表中。

师：猜一猜谁会先落下去？

幼：纸板、泡沫板。

3. 教师统计幼儿的猜测结果、人数，并记录在表中。

师：如果老师站在（积木、椅子）不同的高度操作，这次到底谁会先落下去？还会和刚才一样吗？教师操作（幼儿说结果），教师将结果记录在表中。

4. 交流与总结。

师：你们从记录表中发现了什么？

幼：物体越重，下落得越快。

师：小朋友们，刚才我们通过猜一猜、比一比及记录的方式，知道了物体下落快慢（速度）与物体的重量有关系。越重的物体，下落的速度越快；越轻的物体，下落的速度越慢。

评析：在第二关中，教师选择不同材质的物品进行下落实验，刻意安排幼儿质疑问题的环节，创造条件启发幼儿积极思考，善于发现问题，勇于提出见解，鼓励他们说出自己的看法、想法，在这种民主的课堂气氛中，学习活动是充分自由的。最后通过不断的观察、验证，幼儿将自己的描述修改得更贴切，让自己的观察更全面、更仔细，得出的结论也更准确了。

附：记录表

分组		幼儿猜测物体重量	幼儿猜测下落速度	物体实际下落情况
1	纸板			
	泡沫板			
2	纸球			
	海洋球			
3	毛巾			
	丝巾			
4	树叶			
	羽毛			

（三）探索让同样的纸出现不同的下落速度

1. 提出任务。

师：现在我们进入"智力大闯关"第三关。

教师随意抽出一张手工纸给幼儿看。

师：老师想请你们来变魔术，把这张手工纸变小，使它下落的速度和其他手工纸不一样。

2.幼儿操作，教师观察指导。

3.交流与总结。

师：你们采用了什么方法呢？

幼1：我是将纸折小的。

幼2：我是用卷的方法把纸变小的。

幼3：我是把纸团成纸球了。

师：为什么他们的纸都比老师的纸先落下去呢？

幼：他们的纸发生了变化，而你的没有。

师：他们的纸发生了什么变化？

幼：都变小了。

师：在第三关中，你们用撕、团、折、卷、叠等方法改变了纸的大小，通过试一试、比一比，知道了物体的下落速度与大小是有关系的。重量相同的物体，体积越小落得越快；体积越大落得越慢。

评析：在试一试、比一比后，让幼儿在同伴间进行交流，这样有利于他们分享经验、交流各自的结论；有助于幼儿重新思考自己的探究过程和发现，澄清自己的观点；有助于同伴间相互修正、补充和强化各自的观点，丰富所发现的事物间的关系；还有助于发现新问题，激发进一步的探究，从而让幼儿在彼此的交流与反复的尝试中，形成了自己的探索思路。

（四）活动结束

师：在"智力大闯关"的挑战游戏中，你们通过仔细观察、认真比较、努力思考和尝试，成功闯过三关，登上宝顶，取得了红旗，获得了胜利，我们为自己鼓掌吧！

五、活动反思

科学活动强调"让材料说话，让环境和材料引领幼儿的学习"。教师在选用学习操作材料时考虑到操作材料所蕴含的对本教学活动的价值，要与活动的内容及幼儿的年龄相贴切，要考虑到其简便有效，尽可能就地取材、一物多用。切忌把激发幼儿的学习兴趣寄托在操作材料上，而花不必要的精力去"精心"准备既烦琐又无效的操作材料。材料在科学活动中发挥着极其重要的作用，不仅体现着教育目标，还是教育内容的载体，不仅是幼儿探究的对象，而且是科学探究活动中最重要的媒介物。教学中，教师应该大胆地放手让幼儿去探索、去体验活动材料，创造条件千方百计地启发幼儿积极思考，善于发现问题，勇于提出见解。本次活动中，教师选择不同材质的物品进行坠落实验，幼儿通过不断地观察活动材料、验证实验，让自己的观察更全面、更仔细，得出的结论也更准确。教师要用适当的方式把教育目标和内容物化在适当的材料里，让材料在使用时既能发挥作用还能够得到幼儿的喜爱，支持幼儿尽兴地探究、愉悦地活动，引发幼儿成功的探究体验，在活动中得到真正的发展。

四川省成都高新区和美实验幼儿园　张自霞

说颠倒

领　　域：语言

适合年龄：大班

一、设计意图

《幼儿园教育指导纲要（试行）》中指出，要引导幼儿接触优秀的儿童文学作品，使之感受语言的丰富和优美。颠倒歌是一种趣味性强、幽默诙谐的文学作品形式，它的创作风格类似于打油诗体，说起来朗朗上口，其典型特点是运用"故错"手法，偏把事物特征往反了说。大班幼儿语言发展能力很快，模仿力强，并且具有一定的生活经验，但是缺乏逆向思维的锻炼。颠倒歌这种儿歌形式恰恰能够满足幼儿的这一发展需求，在活动中幼儿能够感受活动带来的快乐，展开丰富的文学想象，锻炼逆向思维和灵活的反应能力，并在创编过程中学会合作和分享。因此，我选择了借助颠倒儿歌，使幼儿通过体验、欣赏儿歌、创编颠倒儿歌等环节来完成语言活动。

二、活动目标

1.体验颠倒儿歌诙谐、幽默的语言特点，感受语言颠倒带来的快乐。

2.练习说意义相反的词，锻炼逆向思维和灵活的反应能力。

3.了解颠倒儿歌把事物的特征往反方向说的特点，能与同伴合作创编各种形式的颠倒话。

活动重点：与同伴合作创编各种形式的颠倒话。

活动难点：准确理解颠倒儿歌把事物的特征往反方向说的特点。

三、活动准备

课件、颠倒摄影展的场景布置、四个分类标志、图片若干。

四、活动过程

（一）教师创设"颠倒王国"的情境导入，带领幼儿练习说反义词，锻炼逆向思维和灵活的反应能力

1.师：大家好！我是颠倒王国的使者，今天想请大家去我们王国做客，大家想不想去？

出示颠倒王国的城堡图。

师：颠倒王国到了，我们王国的大门是有密码的，解密方法是能够快速说出反义词。快来说说下面的反义词吧，说对了才能解锁哦。

冷——（热）

宽——（窄）

松——（紧）

光滑——（粗糙）

上升——（下降）

开心——（难过）

师：小朋友们反应真快，大家可以顺利进入第一道大门。

2.现在让我们一起努力打开第二道大门，请大家边说相反的词语边做动作。

又细又长——（又宽又短）

胖奶奶——（瘦奶奶）

高大的房子——（低矮的房子）

美丽的小鸭子——（丑陋的小鸭子）

师：小朋友们说得又快又准，恭喜大家顺利进入颠倒王国。

评析：反义词的练习过程遵循由易到难的原则，从单字的反义词递进到四字词语的反义词，再到具体形象的短语，为颠倒儿歌的创编做好了铺垫。

游戏形式增强了活动的趣味性，使枯燥的反义词练习变得兴趣盎然。

（二）幼儿欣赏颠倒儿歌《老鼠抓个猫》，了解颠倒儿歌的特点，同时巩固其中涉及内容的基本常识

1. 欣赏颠倒儿歌《老鼠抓个猫》，了解颠倒儿歌的特点。

师：我们的国王为大家准备了一首颠倒儿歌，请仔细听。听了这首儿歌，你有什么感受？

小结：颠倒儿歌的语言非常好玩、有趣、幽默。

评析：《3—6岁儿童学习与发展指南》"语言"领域中指出，幼儿的语言能力是在交流和运用的过程中发展起来的。在活动中运用了开放式的问题进行提问，让幼儿能够进行充分的表达，发挥其想象力。

2. 看图片分析儿歌中的颠倒之处。

师：刚才大家都说颠倒儿歌很好玩，我们来看图片，你觉得哪里最有趣呢？（用儿歌原文回应幼儿）你们太聪明了，把颠倒儿歌的另一个特点也给找出来了，其实，颠倒儿歌就是故意把事物的特征往反的方向说。

3. 师：请大家和我一起尝试着朗诵一遍儿歌吧。

（三）引导幼儿用多种形式仿编

1. 玩"拍手说颠倒话"的游戏。

师：有趣的颠倒儿歌欣赏完了，现在，我想邀请大家玩一个"拍手说颠倒话"的游戏，两人一组，一个人说一句话，另一个人说出这句话的颠倒话。比如：一人说"我扫地"，另一人就要说"地扫我"，我们来玩一玩。

评析：幼儿初次接触逆向思维的语言表达训练，直接仿编儿歌有一定难度。通过这一环节，二人合作先进行短句的颠倒练习，进一步熟悉颠倒儿歌的语言特点。

2. 欣赏颠倒王国作品摄影展，请幼儿说出看到的内容，并尝试用儿歌的语言简练地表达。

师：大家玩得真高兴，也玩累了吧，现在来欣赏一下国王为大家准备的颠倒王国摄影作品展，请仔细观察哦。请说说你看到了什么？除了这些，颠倒王国还有很多东西是颠倒的呢!

评析:大量的直观、形象的图片欣赏,丰富了幼儿的知识经验,使幼儿轻松愉悦地体验了仿编的乐趣。

3.自选体裁、四人一组,自由仿编颠倒儿歌。

师:小朋友们,你们觉得颠倒王国有趣吗?请大家合作把今天在颠倒王国的见闻编成有趣的儿歌,分享给自己的伙伴吧。这里有四种图片,分别是四季颠倒歌、动物颠倒歌、植物颠倒歌,以及人物生活颠倒歌。大家可以根据图片编儿歌,也可以自由想象来创编,每组四人,请自由选择吧。

分小组展示创编好的儿歌。

4.活动结束:欢迎大家下次再到颠倒王国来玩,再见!(放《颠倒歌》音乐离场)

(四)活动延伸

区域中投放不同生活、科学常识的图片,进一步丰富幼儿的知识经验,请幼儿继续创编颠倒儿歌,并尝试将有关画面画下来。

附儿歌:

老鼠抓个猫

黄昏后,做早操,看见老鼠抓个猫。
狗吃草,马长角,吓得板凳满街跑。
吃牛奶,喝面包,背着汽车上书包。
你说颠倒不颠倒。

五、活动反思

本次活动从始至终幼儿都非常积极投入,活动过程在颠倒王国情境的贯穿下层层递进,幼儿被颠倒儿歌这一独特的语言艺术形式所吸引,在体验、欣赏、创编的过程中实现了本次活动的预设目标。

成功之处:

1.运用情境教学法把幼儿带入一个诙谐有趣的"颠倒王国"场景中,调动了幼儿学习的兴趣和愿望,在这一情境中带领幼儿学习反义词,锻炼其逆向思维和灵活的反应能力，为理解和创编儿歌做好铺垫。

2.视听结合欣赏儿歌，让幼儿更好地掌握儿歌的内容。通过分析、讨论让幼儿积极主动思考，使幼儿更好地体会颠倒儿歌的典型特点。

3.用游戏法、直观教学法、视觉引导法，由易到难、递进式引导幼儿逐步完成多种形式的创编过程，让幼儿在学中玩、玩中学，同时体验活动的乐趣。

不足与改进措施：

1.在开始环节的反义词练习中，对幼儿的已有经验了解不够，选择的个别反义词有的过于简单。应该提前了解幼儿对反义词掌握情况，适当调整难度；也可以将幼儿分两队，一队说词语，另一队说出反义词。

2.创编环节提供的四组图片作为创编素材有点少，应该为幼儿提供多样化的材料，让幼儿有更多的选择，以便进行多角度创编。

山东省滨州市滨城区教育实验幼儿园　赵红艳

好玩的绳子

领　　域：健康

适合年龄：大班

一、设计意图

这个活动来源于家长送幼儿来园时，幼儿对家长捆小被的绳子产生了兴趣，在让他们自己铺小床时，他们有的情不自禁地玩起绳子。看着他们玩得那么投入，我产生了组织一次关于玩绳子教育活动的想法。在活动开展前，让幼儿先观察绳子，对各种绳子产生兴趣，为后面活动的开展奠定了基础。

二、活动目标

1. 探索绳子的不同玩法，感受用绳子玩游戏的乐趣。
2. 发展幼儿身体平衡感。

活动重点： 感受用绳子玩游戏的乐趣。

活动难点： 探索绳子的不同玩法，发展幼儿身体平衡感。

三、活动准备

1. 长绳、牛皮筋若干；
2. 《绳子变魔术》图书。

四、活动过程

（一）导入活动

认识"体能游戏"——"绳子变魔术"。

1. 用神秘的口吻告诉幼儿："书里藏了一根有魔法的绳子，可以在上面'走钢丝'、跳舞、'骑车'、玩游戏。找找看，这根绳子藏在哪里。"和幼儿一起看"体能游戏"——《绳子变魔术》一书。

2. 教师转身，做神秘状，变出一根长绳：看，这就是书里那根有魔法的绳子，我们快跟绳子打个招呼吧。

幼儿和绳子打招呼。

（二）和绳子亲密接触

师：小朋友都有好朋友，想想你和好朋友是怎样亲密接触的？比如手拉手，还可以做什么？现在绳子也是我们的好朋友了，我们也和它来个亲密接触吧。教师鼓励幼儿猜想，肯定幼儿的想法后，教师带领幼儿与绳子亲密接触。

1. 用头碰碰绳子；
2. 双手抱抱绳子；
3. 背背绳子；
4. 让绳子背背小朋友。

（三）玩"绳"的游戏

小朋友，我们刚才和绳子进行了亲密接触，你们喜欢它了吧，现在你们想不想和绳子玩好玩的游戏呢？

1. 请幼儿分组讨论用绳子可以玩哪些游戏。提示每组幼儿要结合自己的游戏经验去讨论，讨论要围绕主题、有新意。对精彩的讨论情节、讨论结果进行拍照，传到多媒体上，让幼儿欣赏、猜想。

2. 请幼儿选一位代表讲讲绳子的玩法以及规则。

评析：《3—6岁儿童学习与发展指南》的理念之一是体现幼儿在主题活动中的主体地位。探索绳子的不同玩法，让幼儿感受用绳子玩游戏的乐趣，给幼儿提供了自主探究的机会，让幼儿充分发挥想象力，使幼儿在学习中的主体地位也得以体现。

（四）教师预想游戏内容

1. 用绳子玩走线游戏。

2. 两个幼儿各持绳子的一端，拉直绳子后两人再向中间走，玩对对碰的游戏。

3. 将长绳拉直，变成神奇的马路。

请幼儿到"马路"上来跳舞，例如，双脚踩住绳子前进或后退。

4. 走小蛇：两个幼儿拉住绳子的两端不停地抖动，请其余的幼儿在上面不间断地走，踩不住绳子的幼儿为输。

5. 捻绳子：绳子绷直后，幼儿从两端开始走，双脚在上面扭动，顺利通过的幼儿为赢。

6. 抢阵地游戏：在地面上，把绳子摆成圆形或方形，幼儿随音乐在图形上走平衡，音乐停，幼儿要抢占阵地——进入"图形"。

评析： 活动中的"走小蛇""捻绳子"游戏，是发展身体平衡感很好的游戏。大班幼儿身体平衡感较强，在这一阶段，让幼儿多探究一些能够锻炼身体平衡感的游戏，有助于提高身体机能的协调发展；而抢阵地游戏综合了平衡训练和注意力训练，在发展动作的同时，提高了幼儿的有意注意的能力。

（五）尝试新的游戏，体验玩绳子的乐趣

1. 你觉得哪种游戏最好玩，为什么？可以和小朋友商量商量，交换游戏内容。

2. 让幼儿想一想，绳子还可以变什么魔术，并请幼儿上台演示。

（六）结束活动

在音乐声中，和幼儿交流刚才绳子一共变了几种魔术，哪种魔术最有趣。

五、活动反思

整个活动的主线都是以幼儿自主探究、讨论、练习为主，在合作中让幼儿体验到合作游戏的乐趣。活动的第一个环节，以体能游戏"绳子变魔术"

导入，告诉幼儿书里藏了条魔法绳，会变魔术，书里神秘的绳子吸引着他们，激发幼儿玩绳子的兴趣。活动的第二个环节，让幼儿与绳子亲密接触，通过用身体各部位与绳子的接触，进一步激发他们玩绳子的兴趣。活动的第三个环节，采用了让幼儿分组讨论的方式想象绳子的玩法，幼儿们在讨论中不仅可以提高合作能力，还可以提高语言表达能力。活动的第四个环节，采用了观察法、引导法、激励法和练习法，充分调动幼儿玩绳子的热情。而第五个环节是对前面环节的回顾，也是对后面活动的延续，让幼儿总结哪种游戏最好玩，和同伴交换玩法，让幼儿边想边说边练。

河北省保定市高碑店市第二幼儿园　赵素杰